元相撲協会理事長　横綱

北の湖《きたのうみ》の霊言

ひたすら勝負に勝つ法

大川隆法 Ryuho Okawa

まえがき

昨年十一月に亡くなられて、日本中に衝撃《しょうげき》が走った、元横綱・北《きた》の湖《うみ》親方の霊《れい》言《げん》である。

もちろん私は、ご生前《せいぜん》にお会いしたこともないし、職業的にも直接つながっているわけでもない。

しかし、死後三週目に、北の湖親方が私に伝えてきた『ひたすら勝負に勝つ法』というテーマは私の心を動かした。二千四百回以上、講演・説法を積み重ねてきた私の気持ちも、土俵《どひょう》に立つ横綱とほとんど同じだったからである。

本書は、「憎らしいほど強い」と言わしめた、昭和の名横綱の勝負哲学である。行間《ぎょうかん》にあふれる気迫に、心打たれない人はいないだろう。職業としての戦場は違えども、日本一を目指す人は、こうでなくてはなるまい。
いまだ自虐史観《じぎゃくしかん》を払拭《ふっしょく》しきれない、日本人全員に読んでもらいたい「人生の教科書」でもある。

二〇一六年　一月七日

幸福《こうふく》の科学《かがく》グループ創始者兼総裁《そうししゃけんそうさい》　大川隆法《おおかわりゅうほう》

元相撲協会理事長　横綱北の湖の霊言　ひたすら勝負に勝つ法　目次

まえがき　3

元相撲《すもう》協会理事長 横綱北の湖《よこづなきたのうみ》の霊言《れいげん》
ひたすら勝負に勝つ法

――死後3週目のラスト・メッセージ――

二〇一五年十二月十三日　収録
東京都・幸福の科学 教祖殿《きょうそでん》 大悟館《たいごかん》にて

一、元横綱・北の湖を招霊《しょうれい》し、その「勝負哲学《てつがく》」について訊《き》く

数日前からやって来ていた元横綱・北の湖の霊　15

「霊言現象《れいげん》」とは、あの世の霊存在の言葉を語り下ろす現象のことをいう。これは高度な悟《さと》りを開いた者に特有のものであり、「霊媒現象《れいばい》」（トランス状態になって意識を失い、霊が一方的にしゃべる現象）とは異なる。

なお、「霊言」は、あくまでも霊人の意見であり、幸福の科学グループとしての見解と矛《む》盾《じゅん》する内容を含《ふく》む場合がある点、付記しておきたい。

元相撲《すもう》協会理事長 横綱《よこづな》北《きた》の湖《うみ》の霊言《れいげん》
ひたすら勝負に勝つ法

――死後3週目のラスト・メッセージ――

二〇一五年十二月十三日 収録

東京都・幸福の科学 教祖殿《きょうそでん》 大悟館《たいごかん》にて

北《きた》の湖敏満《うみとしみつ》（一九五三〜二〇一五）

第五十五代横綱《よこづな》。本名・小畑敏満《おばたとしみつ》。北海道有珠郡壮瞥町《うすぐんそうべつちょう》出身。中学生で三保《みほ》ケ関《がせき》部屋に入門後、一九七二年一月場所で新入幕《しんにゅうまく》（十八歳《さい》七カ月）。一九七四年一月場所で初優勝、二十一歳二カ月で横綱へ昇進《しょうしん》。横綱在位六十三場所、幕内《まくうち》優勝二十四回、三十二連勝等、数々の記録を樹立。引退後は一代年寄《としより》となり、北の湖部屋を創設。さらに日本相撲《すもう》協会第九・十二代理事長を務めた。

質問者　※質問順

酒井太守《さかいたいしゅ》（幸福の科学宗務《しゅうむ》本部担当理事長特別補佐《ほさ》）

斎藤哲秀《さいとうてっしゅう》（幸福の科学編集系統括《とうかつ》担当専務理事　兼《けん》
HSU未来創造学部芸能・クリエーターコースソフト開発担当顧問《こもん》）

森國英和《もりくにひでかず》（政務本部党首特別補佐）

〔収録時点・幸福の科学常務理事　兼　事務局長〕

一、元横綱《よこづな》・北《きた》の湖《うみ》を招霊《しょうれい》し、その「勝負哲学《てつがく》」について訊《き》く

数日前からやって来ていた元横綱《よこづな》・北《きた》の湖《うみ》の霊《れい》

大川隆法　元日本相撲《すもう》協会理事長で、元横綱《よこづな》である北《きた》の湖親方《うみおやかた》が、二〇一五年十一月二十日に亡《な》くなられました。まだ一カ月もたっていませんが（収録時点）、私が、最近亡くなられた一連の方々の霊言《れいげん》を収録していたためか、彼も何日か前から、私のところに来ていたのです（注。二〇一五年十二月十日には直木賞作家《なおきしょう》の野坂昭如《のさかあき》氏《ゆき》、二〇一五年十二月十二日にはマンガ家の水木《みずき》しげる氏の霊言を収録している）。

「今は当会のほうも取り込《こ》んでおりますので」とは言ったのですが、「妖怪《ようかい》のマ

ンガ家（水木しげる氏）とか、直木賞作家（野坂昭如氏）とかに比べて、横綱の格が下ということはありえないんだ」とおっしゃっており、私も、「まあ、そうかな。そのあたりの霊言が出るのなら、こちら（北の湖親方）も出なければいかんだろう」と、認めざるをえないところがありました（注。二〇一五年十二月十五日、千葉の幕張《まくはり》メッセ・イベントホールにて、エル・カンターレ祭における法話《ほうわ》「信じられる世界へ」が控《ひか》えていた）。

また、「特に、幸福の科学の霊言には〝軟派《なんぱ》〟が多く出すぎているから、ちょっと引き締《し》める必要があるのではないか」というようなことも言っていたのです。

当会幹部の守護霊《しゅごれい》等も来て、少し説得に当たっていたものの、（右手で払《はら》うし

『野坂昭如の霊言』
（幸福の科学出版）

『水木しげる
妖怪ワールドを語る』
（幸福の科学出版）

ぐさをしながら）みな一撃《いちげき》ではね飛ばされてしまいました。「ああ、こんなものか。弱い！」というように、「はたき込まれて終わり」という感じです。そのため、「これはしかたがあるまい」と思いました。

（北の湖親方は）偉《えら》い方ではあるので、そのように言うべきではなく、「ありがたいことだ」と思わなければならないのかもしれません。

彼には、死後、みんなの記憶《きおく》がまだ遠くならないうちに、後世の人たち、相撲の後輩《こうはい》たち、あるいは、相撲ファンのみなさまに何か遺《のこ》したいものがあるのでしょう。それは、決して悪意のあるものではなくて、やはり、「自分の人生で得たものを、何か伝えたい」という気持ちだろうと思うのです。

たとえて言えば、宮本武蔵《みやもとむさし》が、『五輪書《ごりんのしょ》』を遺したような気持ちであり、そういう「勝負道《どう》」というか、「人生の勝負時《どき》で勝っていくための心構え」などを遺したいのだと思います。

ただ、彼は、ほかの人のように、饒舌《じょうぜつ》に、流暢《りゅうちょう》に語ることはできないかもしれません。その場合は、（書籍発刊に際しては）箴言集《しんげんしゅう》のようなものでも構わないと思います。「一ページに二、三行ぐらいのものでも構わないから、自分の考え方、勝負哲学《てつがく》のようなものをまとめて、いろいろな方に参考にしてもらえばいい」というところでしょうか。

スポーツ紙あたりを読む人たちのなかには、「北の湖親方の霊言」を読みたいと思う人がたくさんいるのではないかと思います。

一定の社会的信用を得ている幸福の科学の「霊言《れいげん》」

大川隆法　ちなみに、今朝《けさ》（二〇一五年十二月十三日）の産経新聞には、竹下登《たけしたのぼる》元総理の霊言《れいげん》（『政治家が、いま、考え、なすべきこととは何か。元・総理　竹下登の霊言』〔幸福実現党刊〕）の広告が出ていましたが、これも、ある意味では、ありがたい話だとは思うのです。

元総理の霊言を本にして出して、その広告を持ち込んでも、普通《ふつう》は、なかなか載《の》せてくれるものではないですし、それは、「どこから出てもよい」というものでもありません。

「元総理の霊言が出せ、広告が打てる」、「その広告を全国紙が載せてくれる」ということ自体、やはり、文科省が何を言おうとも、「（幸福の科学の霊言には）一定の社会的信用がある」ということでしょう。

また、当会から元総理の霊言が出るのであれば、一時代をつくった有名なマンガ家や作家の霊言だって、もちろん出るだろうと思います。あるいは、北の湖親

2015年12月13日付産経新聞に全5段で掲載された大川隆法「公開霊言」シリーズの広告。最新刊の竹下登元総理をはじめ、宮澤喜一、大平正芳、田中角栄、高橋是清、池田勇人、佐藤栄作らの歴代総理の霊言が紹介されている。

方のように、日本の国技の頂点を極《きわ》めた方の霊言が出るとしたら、幸福の科学のほかに出るところがないというのは、そのとおりかと思うのです。

本人も、「どこにでもいる霊能者とか、沖縄《おきなわ》のユタとか、青森《あおもり》のイタコとかに出るようではいけないのであって、出るところはほかにはない」とおっしゃっているので、「それは、ありがたいことだ」と考えねばならないでしょう。

相撲《すもう》は、宗教とまったく切り離《はな》せるものではない

大川隆法　かつて、ハワイ出身の元横綱である曙関《あけぼのぜき》が、インタビューを受けたときに感想を訊《き》かれて、「日本でいちばん偉いのは、天皇陛下《へいか》と横綱なんだ」と答えていたのを私は覚えていますけれども、ハワイから来た力士には、「天皇陛下と対等の偉さを持っているのは横綱だ」と思えたらしいのです。

やはり、横綱はスポーツ界でのチャンピオンというだけではありません。

「相撲《すもう》は、国技であり、御神事《ごしんじ》でもある」ということが言えますし、神道《しんとう》式の儀式《ぎしき》に則《のっと》ったスポーツなので、宗教からまったく切り離《はな》せるものではないという感じはするのです。

確かに、「天照大神《あまてらすおおみかみ》の岩戸《いわと》隠《がく》れのときに、相撲取りの元祖《がんそ》である天手力男命《あめのたちからおのみこと》が、岩戸を開けた」という話も遺っているので、これが相撲が御神事になった元《もと》かと思います。

そういうように、神様がお出ましになる前に、相撲を取ったりするような場所があって、明治神宮でも、正月などに横綱の奉納土俵入りが行われます。

相撲の起源は神代の時代に遡るといわれる。諏訪大社など、境内に土俵を備える神社も数多く、古来、神事として奉納されてきた。現在でも靖国神社などで奉納相撲が行われている（左）。また、両国国技館の吊り屋根は伊勢神宮などの神社建築様式と同様の神明造（右）であり、土俵は神聖な場所とされている。

このように、相撲は御神事であり、禊祓《みそぎはら》いなどとも関係があるのです。力士たちは、ふんどし（廻《まわ》し）だけを身につけて相撲を取っていますが、あれは、「神の前で隠すところは何もない」という意味なのだと思います。

また、塩を撒《ま》いていますけれども、あれはお清《きよ》めであり、「浄霊《じょうれい》」と「浄化」の意味があるのです。

さらに、相撲の土俵《どひょう》も一種の結界《けっかい》であって、「一切《いっさい》、魔《ま》が入るべからず」ということです。

女性は怒《おこ》るかもしれませんが、過去に、女性の大臣などが賜杯《しはい》を渡《わた》そうとした際、相撲協会が拒否《きょひ》したため、「女性差別だ」と言われたりもしました。「いや、これは御神事なので、どうしても、そういうわけにはいかないのです」というようなことを言ったりして、揉《も》めたこともあったと思います。

霊になられた北の湖親方と話をしても、やはり、そういう意識は強く感じるものがあるのです。

北の湖親方は、作家やマンガ家のように饒舌には話せないと思いますが、今日は、伝えたいことの勘所《かんどころ》を、上手に取り出すことができればよいと思います。

今回は、「ひたすら勝負に勝つ法」と、仮に題してみました。

憎《にく》たらしいぐらい強かった、
横綱《よこづな》時代の北の湖

大川隆法　なお、彼は、一九五三年生まれで、私より三つぐらい年上です。六十二歳《さい》で亡くなられています。十三歳で初土俵を踏《ふ》んで、当時の史上最年少である、

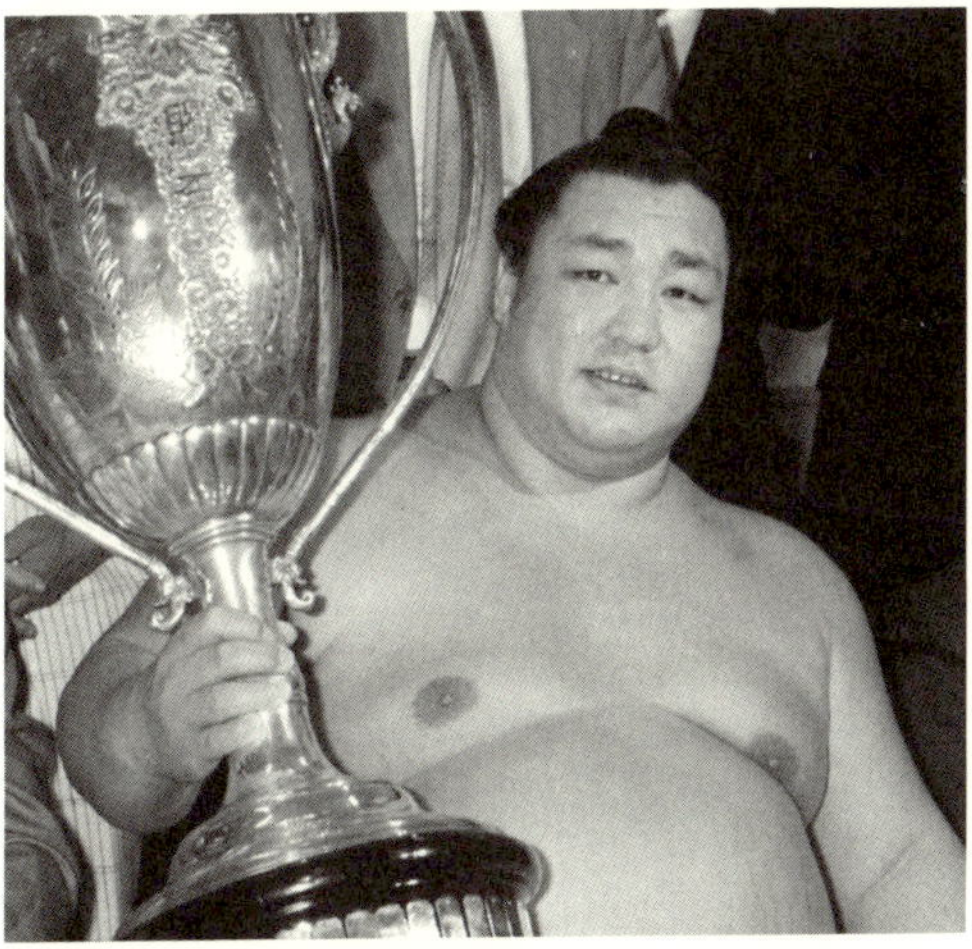

24回目の幕内最高優勝を全勝で飾り、賜杯を手にした横綱・北の湖（写真：1984年5月場所）。

二十一歳二カ月で、第五十五代横綱《よこづな》に昇進《しょうしん》しました。ということは、やはり、横綱の数は首相より少ないかもしれません。

それから、一九八四年には、全勝優勝し、通算二十四回の優勝をして、当時の歴代三位になっています（現在は歴代五位）。

さらに、私たちが初めて本を出したころ、つまり、一九八五年ぐらいに引退し、年寄《としより》になって、その後、指導する側になったり、相撲協会の理事長等を経験されたりしています。

私も、大鵬《たいほう》・柏戸《かしわど》時代、北の湖や千代《ちよ》の富士《ふじ》の時代、それから、若貴《わかたか》時代、つまり、若乃花《わかのはな》・貴乃花《たかのはな》の時代等、相撲に人気があった時代は、よく観《み》ていました。朝青龍《あさしょうりゅう》あたりまで観ていた感じはしますが、その後、外国人横綱が多くなり、彼らばかりが強くなってきてから、少し興味が薄《うす》れて、たまに結果を見ることはあっても、取組《とりくみ》を観ることは少なくなってきたのです。そのように、日本の国技であるにもかかわらず、外国人が非常に多くなってきたかなという感じは受けていいます。このあたりにも、何か問題があるのかもしれません。

なお、若い方はご存じないかもしれませんが、横綱時代の北の湖には、「本当に憎《にく》たらしいぐらい強い」という面があったのです。特に、相手を土俵に叩《たた》き伏《ふ》せたあとに、「これでもか!」という感じで睨《にら》みつける感じ、あるいは、立ち会いの前に、水（力水《ちからみず》）をつけてもらって、塩を撒くときの目なども、勝負師の目であり、ものすごい気《き》迫《はく》でした。

北の湖は全勝優勝7回、連続優勝5回など、圧倒的な強さで「憎らしいほど強い横綱」と評された（写真：はたきこみで琴風に勝利。1978年1月場所6日目）。

サラリーマンや相撲《すもう》ファンに向けた「勝負に勝つバイブル」を

大川隆法　今日も、事前交渉《こうしょう》をしていたのですが、やはり、彼の念力《ねんりき》はかなり強いのです。そのため、通常の当会の指導霊団を出してみても、念力の強さには、「とてもではないけれども、これはすごいなあ」という感じがありました。

「明後日《あさって》、幕張メッセで講演会があるので、なるべくなら、声のほうも温存《おんぞん》しておきたいのですが」と言ったのですが、「幕張メッセか。いいなあ。日々、稽古《けいこ》だ。幕張メッセも両国《りょうごく》国技館もそんなに変わらない。やっ

東京・両国国技館（上）は大相撲場所をはじめ各種スポーツやコンサート会場等として使用されている。
国技館は大川隆法講演会会場として使われたこともある（左：1989 年 12 月 17 日「悟りの極致とは何か」）。

ぱり、あのくらいのところで勝負はせないかん。そのためには、日々の稽古が大事だ。最後の最後まで、自分を磨《みが》き上げることが大事だ」と言われました（苦笑）。これには恐《おそ》れ入りました。おっしゃるとおりでしょう。

家内《かない》のほうは、「相撲《すもう》は三十秒で決着がつくからいいですが、こちらは四十五分話すことになっているので」と答えたのですが、かえって、「三十秒で終わりだと思ってはいけない。朝から練習はしているんだ。そんなものではないんだ」ということを言われました。「その三十秒のための練習が大変なのだ」ということなのだと思います。

また、先ほども述べましたが、「〝軟派系〟の霊言が多い」ということに対してお叱《しか》りを受けました。そうなのかもしれません。さらに、「スターでも、軟派系のスターが出すぎる。硬派《こうは》系のスターを出さんと駄目《だめ》だ」とのことですから、やはり、「人生を引き締める必要がある」ということでしょう。

なお、おそらく、スポーツ紙あたりには本書の広告を出してもらえるのではないかと思います。相撲ファンなども、そういうところに多いのではないでしょうか。人生に苦しんだり、悩《なや》んだり、迷ったりしているサラリーマンや相撲ファンの方々に、何らかの一転語《いってんご》や心の支えになるようなものを遺せたらよいと思っています。たとえ本が薄くて、文字の量が少なくてもよいので、勝負に勝つための、あるいは、「人生に生き残るためのバイブル」のようなものになったらよいでしょう。いつもほど長い答えはできない可能性が高いと思うのですが、（質問者は）そのあたりを引き出してくだされればありがたいですし、編集の力もあるとは思います。

ちなみに、参考までに当会の幹部についての意見も訊きましたが、「弱すぎる」という一言《ひとこと》でした。「あまりに弱くて話にならん。幹部一同、引き締めねばならん」ということで、代表で（質問者として）森國《もりくに》さんが叱られに来たのかなとは思います。また、「（総裁を）引きずり倒《たお》しているというか、足を引っ張っている。もっと強くなければ駄目だ」というようなことも言っていました。

当会には政党等もあるので、確かに、勝負の問題はあります。それについて、北の湖親方は、「勝つということが大事だし、伝道だって勝負だ。それから、伝道以外に関しても、宗教としての勝ち筋《すじ》というものはあるだろう」というようなことも言っていましたので、何か、ヒントになるようなものを得られれば幸いです。

それでは、元相撲協会理事長にして、元横綱・北の湖親方の霊言を録《と》りたいと思います。

（合掌《がっしょう》し）北の湖親方よ。

どうぞ、幸福の科学大悟館《たいごかん》に降りたまいて、その勝負哲学、人生の勝負にひたすら勝つ方法を、われらにご伝授《でんじゅ》くだされば幸いかと思います。

北の湖親方の霊よ。

北の湖親方の霊よ。

どうぞ、幸福の科学教祖殿《きょうそでん》に降りたまいて、われらに霊指導をくださいますよう、お願い申し上げます。

（約十秒間の沈黙《ちんもく》）

1979 年 1 月、大相撲一月場所で土俵入りする横綱・北の湖

2004 年 3 月、大相撲三月場所初日、挨拶する日本相撲協会・北の湖理事長（中央）と、横綱、三役の力士

二、北の湖親方《おやかた》から見た同時代の横綱《よこづな》たち

「日本全国で追悼《ついとう》してくれている相撲《すもう》ファンに、御礼《おんれい》申し上げたい」

北の湖　うーん……。うん。

酒井　おはようございます。

北の湖　うん。おはよう。

酒井　北の湖親方《おやかた》でございますか。

北の湖　うん。

酒井　私や（質問者の）斎藤あたりの世代にとっては、「相撲《すもう》」というと、おそらく、北の湖親方を思い出すと思います。

北の湖　うーん（右手で塩を撒《ま》き、手を叩《たた》いて塩を払《はら》うようなしぐさをする）。

酒井　今日は、「ひたすら勝負に勝つ法」ということで、北の湖親方の「勝負観」について、お伺《うかが》いしていきたいと思います。

その前にまず、北の湖親方が急にお亡《な》くなりになられて、私たちも、非常に驚《おどろ》きました。それから三週間ぐらいたっていますが、今は、どのような……。

北の湖　まあ、急に亡くなったわけじゃないがなあ。相撲取りは五十歳《さい》ぐらいが、あの世へ行く〝逝《い》きごろ〟だから。六十過ぎまで生きただけでも、まあ、長生きよ。激しいスポーツでね。若いうちが花だからね。

若いうちに、非常に体重が重くなって、その後は痩《や》せて生活していても、やっぱり、内臓機能等はね、だいたい全般《ぜんぱん》にみんな、かなり過負担《かふたん》になっているし、体も痛めている者が多いからねえ。

だから、五十ぐらいで亡くなる人が多いので、「六十を超《こ》えられた」っていうだけでも、ありがたいかな。

まあ、三十ぐらいで、だいたい仕事が終わるもんであるから、そう長生きしてはならんかなあとは思っている。

いや、死んで迷ってるわけじゃないよ、言っとくが。まあ、日本全国で追悼《ついとう》をいろいろとしてくださっているのは感じているので、その意味では、「相撲ファンのみなさんにも、一言《ひとこと》、御礼《おんれい》申し上げないといかんな」と思っておりますがな。

酒井　そうですか。

「最後の締《し》め括《くく》りをしたい」と語る北の湖親方《おやかた》

酒井　お亡くなりになられて、今は、どのような世界にいらっしゃるのでしょうか。また、霊人《れいじん》で、相撲の世界からどなたか来られた方はいますか。

北の湖　まだ、〝挨拶《あいさつ》回り〟が全部は終わってはいないので。

酒井　はい。

北の湖　ただ、そろそろ〝限界〟というか、現世を離《はな》れなきゃいけないときが、もう近づいてきたんでね。

だから、おたくさまの予定から見ると、ちょっとご迷惑《めいわく》をかけているようには思うんだけども、もうそろそろ、あの世に還《かえ》らねばならんときが近づいているので。まだ、この世に留《とど》まっていていい時期に、何とか、この世的な「最後の締《し》め括《くく》り」をしたいかなと。

今日、（本霊言《れいげん》を）録《と》り終わったら、いちおう、霊界《れいかい》のほうに旅立つことになるかとは思うし、これで、この世での仕事は最後かなとは思っている。

酒井　そうですか。そういう意味では、霊界に旅立つ前の「最後のメッセージ」ということですね。

北の湖　そう。まあ、人生最後の総決算かなあ。

（酒井に）私の霊言を聞くっていうことが、そんなに迷惑なことかな？

酒井　いえ、そんなことはないと思います。

北の湖　そんなことはないだろう？　君だって、勝負には勝たないかんだろう。

酒井　はい。そうですね。

北の湖　なあ。

自身については「最後の横綱《よこづな》だった」という気持ち

酒井　北の湖親方《おやかた》が相撲界に入り、初土俵《どひょう》を踏《ふ》んでから横綱《よこづな》になって引退されるまでというのは、ちょうど日本が高度成長してきたころです。

北の湖　そうなんだ。そうなんだ。

酒井　当時は、相撲も非常に人気があって、おそらく、「野球」と「相撲」の二つが、二大スポーツであったと思います。

北の湖　まあ、よき日本の時代でもあったかなあ。

酒井　はい。ただ、今はサッカーなどに人気を奪《うば》われてしまっているかもしれません。

北の湖　うーん、そうかな。

酒井　まず、北の湖親方が、横綱になっていくまでについて、つまり、「出世していくところ」について、その秘訣《ひけつ》をお伺いしたいと思います。勝負のなかで、「どのようにして強くなっていくか」というところを……。

北の湖　才能もあるし、生まれつきの体格もあるから、それは一概《いちがい》には言えないけどねえ。

例えば、大鵬《たいほう》親方のように、まあ、彼はロシアの血が入っとったかね。だから、日本人離れした手足の長さがあってなあ。懐《ふところ》深くて、遠い間合《まあ》いで相撲を取られるので、なかなか日本人にとっては、すごく取りにくい。そういう相手もあったなあ。

かと思えば、●千代《ちよ》の富士《ふじ》（九重《ここのえ》親方）のような力士もいる。体だけりゃあ、小結《こむすび》が限度と思われるぐらの体だわな。それなのに、筋力トーニングをして、鍛《きた》えに鍛えてな脱臼《だっきゅう》しやすい肩《かた》を、何とか克服《こくふく》すために、「腕立《うでた》て伏《ふ》せを一日五百回れ」と医者に言われて……、スポー

●**大鵬幸喜《こうき》**（1940 ～ 2013）　第 48 代横綱。幕内優勝 32 回。ウクライナ系ロシア人と日本人のハーフ。187cm の長身を活かした掬い投げのうまさは“伝家の宝刀”と称された。（右写真）

●**千代の富士貢《みつぐ》**（1955 ～）　第 58 代横綱。幕内優勝 31 回。筋肉質で鋭い目つきから「ウルフ」と呼ばれた。1988 年、53 連勝を記録し、翌年、相撲界で初の国民栄誉賞を受賞。（左写真）

医か？　だから、腕立て伏せを五百回やった。
まあ、相撲取りで腕立て伏せを五百回できる人は、ほとんどいないと思うよ。（床《ゆか》に）お腹《なか》がつくからねえ。できない。ハッハハハッ、ハッハッハッハッハ（笑）。

酒井　そうですね（笑）。それは、できないかもしれませんね。

北の湖　私もそれはできないですが、まあ、彼は細《ほそ》かったからね。普通《ふつう》のレスリングができるぐらいの体だから、それをやったら、生まれつき脱臼癖《ぐせ》があった肩だったのに、強くなってね。（肩を指して）ここに筋肉を巻いてね。それで、（廻《まわ》しをつかむようなしぐさをしながら）前褌《まえみつ》を取るかたちで、グーッと相手を押《お》して、力相撲で押し出していくという。ずいぶん強かったなあ。ああいうふうな横綱もいる。

酒井　はい。

北の湖　また、大鵬親方のように、手足が長くて体が大きくて、強いのもあった。

それから、もちろん●曙関《あけぼのぜき》のように、（身長が）二メートルを超えて、体重もあって、お仁王《におう》さんみたいな、（「突《つ》っ張り」のしぐさをしながら）「あの突きを一撃《いちげき》受けたら、土俵の外にすっ飛んでしまう」っていう、そんな強さもあるわなあ。ただ、技《わざ》はあんまりなかったから、そういう意味での面白《おもしろ》さはなかったが、「横綱道《どう》をまっしぐら」っていう感じはあったな。小手先《こてさき》のことはしない。ドーンッと行くだけ。だから、

●曙太郎（1969～）　第64代横綱。幕内優勝11回。アメリカのハワイ州出身。身長204cm、体重233kgの体格を活かした突き押しを武器に、初の外国出身の横綱となる。引退後は、プロレスラーに転向した。

「（相手が）避《よ》けただけで、土俵から外に出てしまう」みたいなこともあったわなあ（笑）。

まあ、私の場合、日本の相撲としては、比較《ひかく》的オーソドックスな取り口かとは思うんだけど、あんまりかわいげがなかった。まあ、「憎々《にくにく》しげだった」という言い方だな。まあ、ずいぶんファンもいたし、敵視する者もいたしなあ。好き嫌《きら》いが分かれたと思うが、いや、でも、勝負っていうのは、そういうもんだと思うんだよ。

別になあ、人の好き嫌いでなんかやってないよ。だけど、いったん土俵に上がったらな、それはもう、ほんと、「生きるか死ぬか」ぐらいのつもりで上がってるからね。「神様が見ておられる」と思って、やっておるんでね。「負けたらそれで死ぬ」と思ってやってるようなもんだから。

だから、「憎々しいぐらい強い」と言われても、かわいげのある横綱など、目

北の湖親方 霊指導

「人生の勝負哲学」

いったん、土俵に上がったらな、
「神様が見ておられる」と思って、
やっておるんでね。
「負けたらそれで死ぬ」と思って
やってるようなもんだから。

指していなかったからな。若貴《わかたか》（若乃花《わかのはな》・貴乃花《たかのはな》）とかには、ちょっとそういうスター的なところがあったのかもしらんがなあ。顔立ちも、人気の出る顔だったしなあ。

今は、〝モンゴル相撲〟ばかりになってしまったんで、少し、「どうかなあ」と思うところもあるけどもね。

その意味では、うーん、まあ、自分では、ある意味での「最後の横綱だったのかなあ」という気持ちはあるなあ。

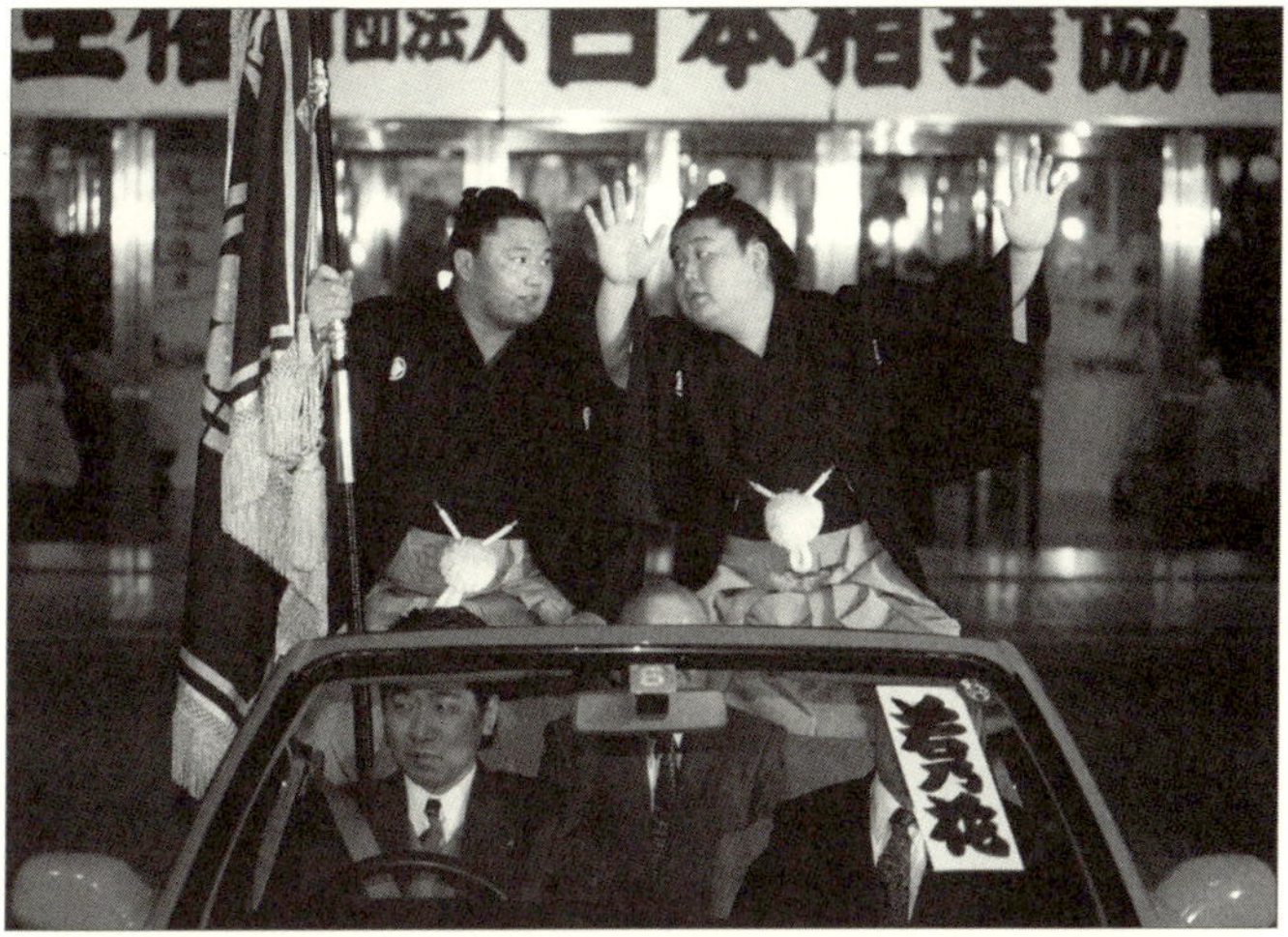

1990年代の大相撲ブームを牽引した若貴兄弟。1995年11月場所千秋楽では、史上初となる兄弟での優勝決定戦が行われ、若乃花が貴乃花を破って優勝を飾った（写真：優勝パレードに臨む二人）。

三、「勝負一本」に生きる北の湖親方の強さ

「一つの才能を磨《みが》き込《こ》めば、『頂点』は見えてくる」

酒井　北の湖親方《おやかた》は、史上最年少で横綱《よこづな》に昇格《しょうかく》されていますけれども、このあたりの理由としては、やはり、「天性のものがあった」ということでしょうか。

北の湖　まあ、君たちも神様に感謝せにゃいかんよ。人間ねえ、「何の能力もない」と思うてても、ありがたいことに、一つぐらいは何か才能があるもんでね。そのわずかな一つの才能を磨《みが》き込《こ》んで、鍛《きた》え込んで、精進《しょうじん》を続けたらね、「頂点」っていうのは見えてくることがあるんだよな。

北の湖親方　霊指導
「人生の勝負哲学」

わずかな一つの才能を磨き込んで、
鍛え込んで、精進を続けたらね、
「頂点」っていうのは
見えてくることがあるんだよな。

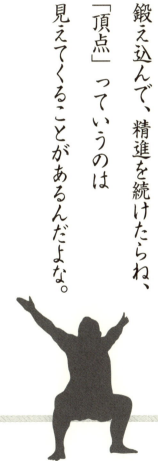

私なんかは北海道出身だからさ。中学校のときなんか、成績は〝オール1〟だよ、通信簿《ぼ》はな。「〝オール1〟って、学業はそうでしょうけど、ほかの科目は違《ちが》うでしょう?」とよく訊《き》かれることが多いんだが、体育も〝1〟だったんだよ。

斎藤　えっ、そうですか?

酒井　それもまた驚《おどろ》きですね。

北の湖　体育も〝1〟か〝2〟なんだよ、体育でも。だから、君たちがやれる全部のスポーツは、どれもできなかった。相撲《すもう》以外はできなかったからさあ（苦笑）。普通《ふつう》のスポーツをやらせても、どれも、やっぱり駄目《だめ》なんだよ。

酒井　雪国のスポーツはやや苦手《にがて》なんですかね。

北の湖　うーん。駄目なんだよ。

酒井　スキーなども駄目なんでしょうか。

北の湖　できないんだよ。だからさ、勉強だけじゃないんだよ。国語や英語や数学で〝1〟は分かるよ。だけど、体育も〝1〟なんだよ。ハハハッ（笑）。〝オール1〟が日本一になったってさ。〝オール1〟が日本一だよ。ハッハッハッハッハッハッハッハッハ（笑）。

相撲《すもう》には、「人生の勝負に関する哲学《てつがく》」のすべてがある

酒井　北の湖親方のように、体力に恵《めぐ》まれた方もいると思うのですが、やはり、横綱まで行ける人と行けない人がいます。この違いについては、どうでしょうか。

北の湖　体格はな、今はだいたい、お相撲《すもう》さんの平均は百五十キロぐらいはあるからさあ。その程度まで太って、重くすることはできるから、衝突《しょうとつ》した衝撃力《しょうげきりょく》を同じぐらい出せることはあろうと思うけど。

それでも、やっぱり、日ごろの稽古《けいこ》の積み重ねでなあ。同じような重さを持ってても、衝突する角度や、力の加え方、技《わざ》だって少しはあるしね。力の入れ方、握力《あくりょく》、プッシュする力、それから瞬間《しゅんかん》的なとっさの判断な。あれは大きいわなあ。

だから、私らは、道を歩いていても車は避《よ》けられないとは思うけれども（苦

笑)、やっぱり土俵《どひょう》の上ではなあ、相手の微妙《びみょう》な判断に惑《まど》わされないようにして、やらないかんからな。それは霊能者《れいのうしゃ》と変わらんよ。「土俵において、向こうの動きを読む」っていうことはなあ。

いやあ、相撲をよく研究してもらえれば、人生の勝負に関する哲学《てつがく》のすべてがあると思うなあ。

酒井　すべてがあるんですか。

北の湖　そこにある。

三十秒で勝負がつく相撲《すもう》には、「心《しん》・技《ぎ》・体《たい》」の一致《いっち》が必要

北の湖　だから、日ごろの鍛錬《たんれん》の賜物《たまもの》で、それは、さっき言ったように、だいた

い三十秒で勝負はつくからね。二分もあったら大相撲《おおずもう》だからね。なかなか力が尽《つ》きてくるぐらい、息が上がってくるがなあ。まあ、三十秒で勝負がつく。

それで、年六場所ぐらいだから、なんか休みのほうが多いわな。そらあ、「その間に、どう過ごしとるか」っていう日ごろのあれが、その三十秒ごとの十五回の勝負で決まるわけだから。十五回やっても、三十秒を平均と見たら七分半だよな。

七分半で、横綱から幕下《まくした》まで決まるわけだからさあ、その世界でな。「そのわずかな時間で勝負する」っていう意味では、それはボクシングよりも短い勝負だわな。まあ、今は八百長《やおちょう》とか言われて、面白《おもしろ》くないことも多々あるけれども、もともとは、八百長なんか入りようがないスポーツではあったんでな。目の前で、一撃で決するからね。そういうところがあった。

だから、そのときに、やっぱり、「心《しん》・技《ぎ》・体《たい》」というかなあ、「心《こころ》」「技《わざ》」、それから「体力」な。これ全部が一致《いっち》しないと力が出ないいんだよなあ。例えば、力はあってても方向が違ってたり、踏《ふ》み込みのタイミングが違ってたりしても、やっぱり駄目だからね。それから、相手の気迫《きはく》に負けても駄目だからなあ。

横綱《よこづな》は「国民の手本」であり、「勝負の人生哲学《てつがく》を教える役」

北の湖　だから、叩《たた》き伏《ふ》せるときは、二度と立てないぐらいのつもりで、向こうを叩き伏せていたけどね。

やっぱり、「国民の手本」にならないかんと思うんだ。戦後、這《は》い上がってきた日本人にとってのね、励《はげ》みでなきゃいかんと思っていたんでね。その横綱《よこづな》の凜《りん》とした姿を見てね、国民も、やはり、「いや、日々の勝負に勝たねばならんのだ」ということだと思うな。

われわれも耐《た》え難《がた》きを耐え、忍《しの》び難きを忍び、そして、大勢の、何千人もの人が見ている前で三十秒の勝負をし、全国に放映されてな、その無様《ぶざま》な姿、土俵から転がされる姿、土俵に叩き伏せられる姿を見られながら、「プロとして生きることの厳しさ」をみんなに伝える。
必ず勝敗がある。必ず勝つ者と、負ける者が出る。なあ？　その人生哲学《てつがく》を教える。そういう役だわな。まあ、下手《へた》な負け方をすりゃあ、ただのピエロだな。

「大川隆法先生が、勝ったり負けたりを繰《く》り返していいのか」

酒井　現役《げんえき》のときの北の湖親方を見ていると、もう本当に申し訳ないのですが、私はたまに、「負けろ」と思ってしまいました。
北の湖　君、退場しなさい（会場笑）。

北の湖親方 霊指導

「人生の勝負哲学」

必ず勝敗がある。
必ず勝つ者と、負ける者が出る。
その人生哲学を教える。
まあ、下手な負け方をすりゃあ、
ただのピエロだな。

酒井　（苦笑）

北の湖　退場勧告《かんこく》。

酒井　要するに「強すぎる」んですよ。

北の湖　ええ？

酒井　強くて、さらに、憎《にく》たらしいぐらいの堂々とした姿。

北の湖　君、そういう悪魔《あくま》のようなね……。

酒井　悪魔（苦笑）。
北の湖　そんな心を巣くわせてたら、それ、人類に対して罪だよ。
酒井　いや、例えば……。
北の湖　うん？
酒井　先代の●貴《たか》ノ花《はな》関《ぜき》などは、小さい体で北の湖関に向かっていくのですが、勝てなかったりしました。でも、人気は貴ノ花関のほうがありましたた

●貴ノ花利彰《としあき》（1950 ～ 2005）　幕内優勝２回。軽量ながら粘り強い相撲を取り、大関まで昇進。「角界のプリンス」と言われ、大相撲史上屈指の人気を誇った。息子に、若貴ブームを起こした第 66 代横綱・若乃花勝、第 65 代横綱・貴乃花光司がいる。

よね。かなり前のことで、お父さんのほうですけれども。

北の湖　あのなあ、君ねえ、大川隆法先生も〝土俵〟に上がるんだけどさ、勝ったり負けたりを繰《く》り返していいのか？　ええ？

酒井　いえいえ。そこにあえて……。

北の湖「いつも失敗する。おっ、たまにいい説法《せっぽう》をされた」みたいなんでいいのか？

酒井　ですから、ただ強いだけではなくて……。

北の湖　ああ？

酒井　そこまで、強さに徹《てっ》するというか、「パフォーマンスなし。強さ一徹《いってつ》」というあたりのポリシーについてお伺《うかが》いしたいんですね。

横綱《よこづな》はパシッと心を決めて、「勝負一本」に絞《しぼ》り込《こ》んでいく

斎藤　今、質問者のほうから話がありましたが、一言《ひとこと》で言うと、「強すぎる」ということですね。

それで、われわれ、「相撲」と言うときに、もう一つ対置される言葉として、「横綱《よこづな》」という言葉が、ものすごく胸に響《ひび》いてきます。やはり、「大関《おおぜき》」や「小《こ》結《むすび》」と違って、「横綱になる。綱《つな》を張る」ということは、本当に、小さい子供たちにも、「ああ、横綱だ」と言って、憧《あこが》れられるようなことです。

廻《まわ》しの上に太い白い綱を、まさに、神社がそのまま体についているような、すごく「聖なる感じ」で、巨体《きょたい》というか、大きな体につけられて、四股《しこ》を踏むときの雄大《ゆうだい》さ。そして、手をバーンと打って開かれるときの、空《くう》を切る大きな広がり。こうしたところに、すごく憧れを持った記憶《きおく》が、みんな、小さいころにあったと思います。

今、「横綱の哲学」というか、「大川隆法総裁が負けてもいいのか」という一言がございましたけれども、「横綱の心」「綱を張る心」というものには、いったいどんな思いがあるのでしょうか。

北の湖　うーん、まあ、君みたいにね、無駄《むだ》な想念を出さんことが大事なんだよ。

斎藤　（苦笑）いきなり〝勝負〟ですか。

北の湖　君なんかな、余計なことをいろいろ考えすぎるだろう？　脱線《だっせん》が多すぎるわな。無駄なこと、枝葉がいっぱい膨《ふく》らんでいくだろう？

斎藤　はい。

北の湖　そういうものを、全部、剪定《せんてい》して、切り取っていって、最後は、もう「勝負一本」に絞《しぼ》っていくんだよ。もう「勝つか負けるか」だけに絞り込《こ》んでいく。

それは、もう直線、〝真っ直線〟のいちばん短いあれで決めるんでな。君らみたいなグルグル思考の人はな、相撲取りでは、もう舞《まい》の海《うみ》みたいな戦い以外はできないんだよ。そういうのは本道《ほんどう》じゃないんだよ。

やっぱり、もう少しパシッと心を決めて、「勝負」って……。まあ、それは「武士道」とも、大して変わらんところがあるとは思うがな。

四、北の湖親方《おやかた》が語る「横綱《よこづな》の美学」とは

「日本の最高の芸術を観《み》てもらっている」つもりでやっている

斎藤　そうしたピシッと念を定《さだ》めるような強さを、今、お言葉のなかに感じました。特に、立合いのときの、「土俵《どひょう》に両手をついて、お互《たが》いが向き合ったときの眼力《がんりき》というか、ものすごい気迫《きはく》が怖《こわ》い」というような緊張《きんちょう》感を感じるシーンを、われわれはテレビを通したり、国技館などで観たりしているわけです。

そうした立合いのとき、たった三十秒の一瞬《いっしゅん》の勝負の、最初のスタートのときには、どんなことを思っておられるのでしょう。

北の湖　いや、もう日本を背負っておるからね。

斎藤　えっ？　日本を背負っている？　どういうことでしょう。国の勝負ですか。

北の湖　日本を背負っておるんだよ。日本を背負ってる感じ。確かに、海外にも放映されてるからね。海外の人にも観てもらってる。日本の〝最高のスポーツ〟であり、〝最高の芸術〟を観てもらってる。生《なま》の芸術だな。生きた芸術。演奏家だって、歌手だって、みんな、それぞれ勝負なんだろうけれども、そういうつもりでやっているので。やっぱりね、「一時間やってよかった」っていうのと比べて、「一瞬で決まる勝負がよかった」と見えるかどうかだね。

北の湖親方 霊指導

「人生の勝負哲学」

日本を背負っておるんだよ。
日本の〝最高のスポーツ〟であり、
〝最高の芸術〟を観てもらってる。
生の芸術だな。生きた芸術。

横綱《よこづな》の美学とは、「自分の相撲《すもう》を取って、正々堂々と勝つ」こと

北の湖　だから、その勝ち方においてねえ、やっぱり、「百獣《ひゃくじゅう》の王の勝ち方」をしなければ横綱《よこづな》じゃないんだよ。

斎藤　「百獣の王の勝ち方」というのは、どんな勝ち方なんでしょうか。

北の湖　やっぱり、逃《に》げ回ったり、姑息《こそく》なことはしないんだよ。堂々の勝ち方をしなきゃいけないいんだよ。そらあ、下の者はやってもいいよ。下の者は逃げ回ったり、相手の弱点を攻《せ》めたり、そういうことばっかりしてもいいが、横綱は自分の相撲《すもう》を取って勝たねばならんのだよ。

自分の型に相手を吸い込《こ》んで倒《たお》さねばならないんであって、相手に合わせてね、

北の湖親方　霊指導

「人生の勝負哲学」

勝ち方においてねえ、やっぱり、
「百獣の王の勝ち方」をしなければ
横綱じゃないんだよ。

こちょこちょ、こちょこちょ、やるようなことでは横綱じゃないんだな。このへんの「美学」を、やはり、ちゃんと伝えなきゃいけない。

斎藤　「自分の型に吸い込む」というのは、どのようなことなんでしょう。

北の湖　いや、「自分の相撲を取って勝つ」っていうことだよ。

斎藤　自分の相撲を取る？

北の湖　だから、「弱者の兵法」はね、相手の弱点・欠点を研究して、そこを攻める。だけど、たいていその戦い方はね、自分より上位の者と戦うときの戦い方なんだよ。

早くして横綱になるような人は、そういう戦い方をしないいんだよ。そういう姑息なことをしているようではね、早くして横綱なんかにはなれないいんだ。早くして横綱になる人はね、正々堂々と立ち向かっていって、全力でぶつかって相手を弾《はじ》き飛ばすんだよ。これが横綱の戦い方だからね。

「勝てばいい」っていうものでもないんだよ。「勝ち方」に問題がある。だから、堂々たる横綱相撲。要するに、押《お》し出して、ぶっ飛ばす。それから、上手《うわて》をつかんで投げ飛ばす。あるいは、パシンとはたき込んで土俵に這《は》わせる。

要するにね、胸がすくようなスカッとした勝ち方をしなきゃあ、横綱としては勝ち星をもらっても、給金のうちには入らないいんだ。

斎藤　「勝ち方が大事だ」ということですか。

横綱《よこづな》は、「四番バッターでピッチャー」

北の湖　うーん。君らの人生をねえ、見てたら、もう本当に、バントばっかりしとるだろうが。ええ？　君らは、もうバントばっかりして走っとるだろう。

斎藤　野球にたとえると、「バントみたいに塁《るい》に出ている」と……。

北の湖　バントとか、振《ふ》り逃げとか、そんなことばっかりして職を護《まも》っとるだろうが。

斎藤　振り逃げですか（苦笑）。厳しいお言葉で。

北の湖　そういうのは駄目《だめ》なんだよ。

斎藤　酒井太守さん、ちょっとお願いします。

北の湖　ええ？（酒井を指して）こっちに振ったほうがいいか？

　君らはね、もうほとんど、みんな二軍じゃないか。野球で言えば、二軍。一軍に出てないじゃん。みんな二軍だよなあ。

　ほとんど二軍で待機してさ、仕事が転がり込んでくるのを待っとるだけ。何かの号令がかかったときだけ、ちょこっと出て、それで、あとは引っ込む。こういうのばっかりじゃない。な？

　だからね、ちゃんと一軍の戦い方をしなさいよ。一軍でも、野球で言えば「四番バッター」。ね？　やっぱり、「四番バッターにして、ピッチャー」ぐらいの戦い方をしなきゃ。横綱《よこづな》って、「四番バッターのピッチャー」なんだよ。そういうことなんで、そんな下手《へた》な勝ち方をするわけにはいかないんだ。

酒井　なるほど。

「最初から、横綱《よこづな》になるつもりで日本一を目指していた」

酒井　では、北の湖親方《おやかた》は、もう初土俵を踏《ふ》んだところから、すでに、そうした「正々堂々の戦い」というポリシーがあったわけですか。

北の湖　もう最初から、横綱《よこづな》になるつもりでいたから。

酒井　「なるつもりでいた」と。

北の湖　うん。

酒井　そこが、大きな違《ちが》いなんですね。

北の湖　「それまでは、目先、勝てばいい」とか、「勝ち越《こ》せばいい」とか、そんなことは考えていない。最初から、「日本一」を目指しとったから。

斎藤　なるほど。

1974年1月場所で幕内初優勝を飾った関脇・北の湖。この場所で大関に昇進し、7月場所で横綱となった。直前の1973年11月場所では12日目に足首を骨折したが、休場せずに千秋楽まで戦い抜き、10勝をあげるなど、不屈の闘志を見せた。

酒井　普通《ふつう》は、弱いときは「弱者の兵法」で行くんですが、では、最初から、「強者の兵法」で行っていたということですか。

北の湖　まあ、体がね、できてくるのに、ちょっと時間がかかるからさ。横綱の体になるまでに、やはり、ちょっと鍛《きた》え込みが要《い》るんで。最初から横綱相撲が取れたわけではないけどもね。気持ちにおいて、あるいは修行《しゅぎょう》においてね、やはり、「横綱たらんとする気迫と根性《こんじょう》と、それと鍛錬《たんれん》とね、こういうものから逃げてはならん」と、いつも思っとったよ。

それは相撲の技《わざ》はたくさんあるからね、一通《ひととお》り知っておく必要はあるけども。技のデパートみたいな人もいるから、そういう人がかけてくる姑息《こそく》な技に引っ掛《か》からんようにしなきゃいけないからね。

「相撲《すもう》では、〝猫騙《ねこだま》し〟風の取組《とりくみ》は本道《ほんどう》ではない」

北の湖　だから、「横綱で、昔、舞《まい》の海《うみ》さんがやった技のデパートみたいな、〝猫《ねこ》騙《だま》し風〟の取組《とりくみ》をしていいかどうか」っていうのは、議論もあるだろうと思うけどなあ。私はねえ、そんなのをするぐらいなら〝切腹《せっぷく》〟するな。

酒井　白鵬関《はくほうぜき》がこの間……。

北の湖　だから、名前は出したくなかったんだが、知ってる人もいるかもしらんが（注。二〇一五年十一月場所の十日目に、横綱・白鵬関が栃《とち》

身長169cm、体重90kgと、不利な体格をカバーするために、舞の海はさまざまな奇襲戦法で相手を翻弄し、最高位・小結まで昇進。「技のデパート」の異名をとった（写真：八艘飛びを繰り出す舞の海）。なお、猫騙しは立合いと同時に相手力士の眼前で手を叩いて意表を突く奇襲戦法の一つ。

煌山関《おうざんぜき》に対し、二度、猫騙しを行い、日本相撲《すもう》協会の北の湖理事長〔当時〕は、「横綱としてやるべきことではない」と苦言を呈《てい》した)。

まあ、技として学んだんだろうけどね。それは学ぶよ、一通りはね。一通り、基本ルールは学ぶけど。

「曙関《あけぼのぜき》が横綱になったら、突《つ》き出し一つで、ほとんど勝ってしまう」っていうの? これが破れない。破れないんで、みんな、あの手この手で破りにくるけどね。だけど、それで、「横綱を避《さ》けて、横綱が電車道《でんしゃみち》で、ただ走っていって、そのまま土俵からまっすぐ出ていってしまう」みたいな相撲を観せたら、観客ががっかりするわな。そんな相撲は観たくない。な?

横綱が怪物《かいぶつ》みたいにでかいから、ただまっすぐ突いていったら、もう(相手の)姿が見えなくなってな、小さいから後ろに回り込んでいたと。それで、(横綱が)出ていったところを、後ろへ回り込んで、後ろから押し出した。こんな相撲、全然、面白《おもしろ》くない。やっぱり、お客様に失礼だよ。勝負を観に来た人にとっては、失礼だよ。

だから、そういうねえ、フェイントみたいなものは、やっぱり、相撲では本道《ほんどう》じゃないんだよ。

酒井　なるほど。「人生の勝負に関する哲学《てつがく》のすべてが相撲にある」とおっしゃった意味で言えば、やはりそういう手は、最終的な人生の勝利にはつながらないんですかね。

北の湖　駄目だ。やっぱりね、それは「大を成すに至らず」だな。

酒井　至らない。

北の湖親方 霊指導

「人生の勝負哲学」

フェイントみたいなものは、
やっぱり、相撲では本道じゃないんだよ。
それは「大を成すに至らず」だな。

「一回一回の仕事を大事に積み上げる」ことが大切

北の湖　よくは知らんけども、たぶん会社でも、それは一緒《いっしょ》だろうと思うんだよ。例えばね、目先を変えて騙したり、「どうせ先には壊《こわ》れる」と思ってる機械を売りつけたり、粗悪品《そあくひん》を「いいものだ」と言って売ったり、そんなうまいことをやって、一時的に金を儲《もう》けてもさ、どうせ粗悪品はいずれバレるわな。だから、商売としては続かないから、大きくならないだろう。

ここ（幸福の科学）の大川隆法総裁だって、やっぱり、一回一回の仕事を大事に積み上げて、やってるんだと思うんだよな。「百冊出して、一冊ぐらい当たりゃあいい」とか、そんな気持ちでやってたら、それはそれで（本に）出るしさ。説法《せっぽう》だって、「年に一回や二回、いい説法ができりゃいい」と思えば、そういうレベルだろうよ。だけど、たぶん、そんなふうには思ってないよな。「一期一会《いちごいちえ》」

だろう。一回一回、最高のものをやろうとしてるだろう。なあ？

今日、私の霊言《れいげん》をやるのだって、明後日《あさって》の仕事をベストコンディションでやりたかったら、本来、避けるべきだわな。私が言っちゃいかんが、避けるべきだよな。

しかし、四日ぐらい待った私の身から言えばね、早くやってもらわんと、あの世に旅立つ出発時間が来てるからさ、もう待てない。だから、奥《おく》さん（大川紫央《しお》総裁補佐《ほさ》）が粘《ねば》って、「木曜日でどうですか。手を打ちませんか」って交渉《こうしょう》してきたけど、「木曜まで待て

2015 年 11 月下旬、東京都・如水会館で、「大川隆法著作シリーズ 2000 書突破記念パーティー」を開催（右）。1985 年以来 30 年にわたってさまざまなテーマの書籍を発刊し続け、新刊『正義の法』をもって 2000 書が達成された。

ん」と。これで、私は、この世での仕事を終わりにしたいからさ。

酒井　なるほど。

2015年12月15日、千葉県・幕張メッセを本会場として全世界衛星中継された大川隆法大講演会「信じられる世界へ」。流動的で不透明な世界情勢に対し、確かな正義の指針を示す羅針盤としての使命について語った。

五、「悔《くや》しかったら、強くなれ」

「悔《くや》しかったら、強くなれ」という精神を教える必要がある

酒井　「人生の勝利の条件」について、もう少しお訊《き》きしたいのですが、先ほど、「稽古《けいこ》」や「正々堂々の戦い方」などについてのお話がありました。そのほかに、勝利の条件を挙げるとしたら、どのようなものがあるのでしょうか。幾《いく》つか挙げていただけませんでしょうか。

北の湖　あのな、人間、同情を引くような生き方をしてはいかんのだ。この日本の社会も、それは文明が進んでな、弱者に優《やさ》しい社会になっているとは思うよ。

それはそれで、文明の進化度を測《はか》れるのかもしらんがな。

まあ、やっぱりね、「弱者が主役の社会」っていうのは滅《ほろ》びていく社会だよ。私はそう思うよ。今、社会保障だなんだ、いろいろある。ただ、私も難しいことは知らんけどさ、勤勉に鍛錬《たんれん》し、努力し、汗《あせ》を流して働いている人が報《むく》われるのが本来の社会であってね、怠《なま》けた者が楽をして得をするような社会は、絶対につくってはいけないんだよ。

これを相撲《すもう》で言えば、「幕下《まくした》の人たちにもチャンスを」と言ってね、くじ引きで横綱《よこづな》にしてやるとか、〝一日横綱〟とかを出してやるようなことが、そうかもしらんけどなあ。

やっぱり、憎々《にくにく》しいぐらいの強さをね、見せつけてやる必要があると思う。「悔《くや》しかったら強くなれ」と。な？　もう土俵《どひょう》に叩《たた》きつけられて、土俵の外に放り出されて、「悔しかったら、もっと強くなってこい」と。やっぱり、これを教

北の湖親方 霊指導

「人生の勝負哲学」

勤勉に鍛錬し、努力し、
汗を流して働いている人が
報われるのが本来の社会であってね、
怠けた者が楽をして得をするような社会は、
絶対につくってはいけないんだよ。

えてやる必要があるんでね。この精神を失ったら、この国だって、もう二流国、三流国に簡単に行きますよ。

だからね、やっぱり「悔しい」と思わなきゃ……。負けたら「悔しい」と思わなきゃ駄目《だめ》ですよ。アメリカにね、戦争で負けたら、次は負けないようにするぐらい、強くならなきゃ駄目ですよ。媚《こび》を売ったら、人間はそれで終わりだ。

自分の精進《しょうじん》によって得た「強さ」を愛さなければ滅《ほろ》びていく

斎藤　「強さ」ということを、今、非常に、心の深くに感じさせていただいた次《し》第《だい》なんですけれども、「強くあれ」ということで……。

北の湖　もう教育から抜《ぬ》けてるんじゃないか？　今、日本の教育からさあ。「強くあれ」っていうことが抜けてないか？　どうだ？

斎藤　抜けています。弱い者を保護する考え方が強くなっています。

北の湖　「弱者に優しくあれ」っていうのばっかりだろうが。まあ、そういう宗教もあると思うけどさ。「強くあれ」と言えるぐらいの宗教っていうのは、今、幸福の科学さんぐらいしか可能性はないだろう。もうほとんど、「弱い者を救え」と言うな？

例えば、土俵の下に転げ落ちて、奥《おく》さんも子供も観《み》てたら惨《みじ》めだろうよ。三歳《さい》の子供、五歳の子供がテレビで観ている。自分の父親が出てくる。相手に北の湖が出てくる。張り手一発で倒《たお》される。吹《ふ》っ飛ばされる。惨めだろうよ。「うちの父さん、十秒で負けてしもうた」。そら、観ててつらかろうよ。家に帰っても、もう子供に合わせる顔がないわな。でも、それが厳しさなんだよ。

北の湖親方 霊指導

「人生の勝負哲学」

やっぱり、憎々しいぐらいの強さをね、
見せつけてやる必要があると思う。
「悔しかったら強くなれ」と。
もう土俵に叩きつけられて、
土俵の外に放り出されて、
「悔しかったら、もっと強くなってこい」と。

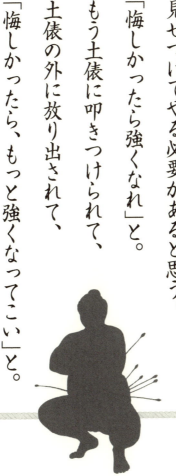

「悔しかったら、練習しろ」っていうね。張り倒されて、外へすっ飛ばされたんなら、次はもっと低い姿勢で突《つ》っ込《こ》んでくる。今度は、低い姿勢で突っ込んできたら、横綱はどうするか。その姿勢が低すぎるのを見たら、上からバシーンと、はたき倒す。それで、土俵の内で〝大の字〟になって、顔中砂《かおじゅう》だらけになる。また悔しい思いをする。「弱い」ということはそういうことだよ。

高い姿勢で来たら、張り飛ばされて、すっ飛んでしまう。低い姿勢で来たら、張り倒されて、砂のなかで、のたうち回る。テレビで観てる母ちゃん、子供は、それはつらかろうよ。「うちの親父《おやじ》は、こんな弱いんか。こんな無様《ぶざま》な姿を全国に見せとるか」と。そら、つらいよ。つらいが、これが大多数のサラリーマン諸氏の姿だよ。そうなんだよ。これなんだよ。

それでね、労働組合をつくって「給料を上げろ」とか、安倍《あべ》首相みたいな人が企業《きぎょう》に働きかけて、「ベースアップしてやれ」とか言って、〝優しすぎる社会〟なんだよ。優しすぎる。

これはね、確かに、そういう面もあってもいいよ。あってもいい。文明として進めばね、豊かであれば、そういうときもあってもいい。そういう意味で、日本は豊かになったのかもしれん。

しかしねえ、自分の精進《しょうじん》によって得た「強さ」を愛さなくなったら、スポーツであれ、企業であれ、国民であれ、みんな滅《ほろ》びていくと思うな、私は。

年齢《ねんれい》関係なしの「実力評価の世界」に耐《た》えられるか

森國　本日は、ありがとうございます。
北の湖　うん。君なんか、僕《ぼく》のことは知らんだろう。

北の湖親方 霊指導

「人生の勝負哲学」

自分の精進によって得た
「強さ」を愛さなくなったら、
スポーツであれ、企業であれ、国民であれ、
みんな滅びていくと思うな、私は。

森國　私の世代ですと、ちょうど曙関《あけぼのぜき》とか、あのあたりからになってしまうのですけれども。

北の湖　ああ。

森國　ただ、日本人として生まれて、初めて観る勝負というのは、やはり相撲のテレビ中継《ちゅうけい》だったのかなというふうに思っております。

北の湖親方《おやかた》の、過去のさまざまなご活躍《かつやく》のシーンは、何度もテレビで観させていただきまして、その精神性も学ばせてもらっていたんだなということを、今のお話を聞くなかでも感じていたところです。

北の湖　うん。

森國　北の湖親方の人生をいろいろと見させていただくと、十三歳で初土俵を踏《ふ》まれたということで、武士の時代で言うと、「元服《げんぷく》」というところとも非常に重なるものを感じております。

やはり、十三歳で初土俵に立ち、そして二十一歳で横綱になられたわけですけれども、特に、若い者といたしましても、「いかに心を練り上げるか。心を鍛《きた》え上げるか」といったところを、ぜひ、お教えいただけたらと思います。

北の湖　十三歳ぐらいで出れるのは、あとは、タレント系がそうだよな。あるいは、モデルさんとかかね。子供のタレントとかも十三ぐらいで、もう出てくる。子役で出る人がかなりいるだろうけどね。まあ、それはそれなりの苦労はあるし、勉強もあるんだろうとは思うけど。

ただ、私たちは、そういう「かわいらしい」とかいうようなことで評価される世界ではないんでね。

だから、負けてばっかりいるやつは、廃業《はいぎょう》するしかない世界だよ。プロにはなれないんだ。それは将棋《しょうぎ》とか、碁《ご》なんかも一緒《いっしょ》と言えば一緒だろうけども、プロは勝つことが条件だ。

さらに、先輩《せんぱい》・後輩があるけど、二十一歳だろうと二十歳だろうと、横綱になったら、かつてふんどし担《かつ》ぎをしたり、先輩に水をつけたり、いろいろお世話してたのが、年齢《ねんれい》に関係なく、逆になるわけね。上下《うえした》が引っ繰《く》り返るわけよ。ね？　これに耐《た》えなきゃいけない。「実力が上の者が、上」だ。

これは、「剣《けん》の使い手」なんかとほぼ一緒だわな。年功序列なんかで、剣の腕《うで》なんか決まらないもんな。やっぱり、強い者が上になるわな。

まあ、全部が全部そうでなきゃいかんとは言わんが、こういう世界もなければ

プロは勝つことが条件だ。

いけないんだよ。社会が引き締《し》まらないんでね。

だから、私なんかはストレートに……、要するに、勝率《しょうりつ》だし、勝《か》ち星《ぼし》の数だよな？　これが率直《そっちょく》に評価される世界だからね。そういう意味では、「ごまかしし」だから。

もちろん、多少は「態度」とかもあるよ。精進態度がいいので、親方に評価されて、ちょっとは早く横綱になるとかさ、昇進《しょうしん》が早いとかいうことはあったけどね。

六、勝負の世界で学んだ「人生訓」

勝負の世界を極《きわ》めつつ、「人生訓」を学ぶ

北の湖　だけど、優勝してないのに横綱《よこづな》にしてしまったら、結局駄目《だめ》になった人もかつてはいたんだ。あなたは知らないだろうけどな。若くして横綱になって、ナイフ投げか何かを趣味《しゅみ》にしてて、部屋で柱にナイフを投げてね。それで、自分より格下になったやつらを立たせたりして、脅《おど》したりするようなやつがあって。品性に欠けるということで、部屋を追い出されたやつもおったがなあ。

だから、強さを突《つ》き抜《ぬ》けて、人より優《すぐ》れて、強さに定評があって横綱になるんだけども、それは、本当は「一点突破《とっぱ》」というか、一つのところを突き抜けてト

ップに立ってるわけだ。

先ほど（大川隆法が）言ってたけど、曙関《あけぼのぜき》が言うように、（横綱は）天皇陛下《へいか》と同じぐらい偉《えら》いかどうかは知らんけれどもね。トップまで行ったら、会社であれば、大会社の社長と一緒《いっしょ》だろうしな。政治家では総理大臣だからな、早い話がね。それと一緒だから。

ただ、「一点突破」なんだけど、横綱になった瞬間《しゅんかん》、そういう各界のトップの方々とも会って話をし、挨拶《あいさつ》をしないといかん立場になるわけで、実は、それまで関心を持っていなかったところに対しても、恥《はじ》をかくことがあるわけよ。

例えば、私みたいな「オール1」で、中学校からスカウトされて、相撲《すもう》取りになった人間でもだな、横綱になる。ただ勝つことのみを考えて、横綱になってはいるけど、横綱になったら、それで角界を代表することになるわけなんで、いろんなインタビューを受けたり、いろんな人と話をしたりするようなことも出てくる。

でも、その短い受け答えのなかで、相撲界を代表して恥をかくようなことを言っては、相成《あいな》らんわけだから、突如《とつじょ》、重圧はかかってくるわな。

もちろん、その過程で関脇《せきわけ》や大関《おおぜき》を経由してきているんでね。多少、人生勉強をする機会はあるけれども。

ただ、今、二十歳《はたち》前後で社長になれる職業っていうのは、めったにないわね。総理大臣にだってなれないでしょ。三十で引退する職業って、ボクサーぐらいかな。あとの職業では、ちょっとないわな。あるいは、物理学者なんかも、そのくらいでピークになるんかもしらんが、引退はしないわな。

だから、出世速度はすごい早いんで。そのなかで強さを武器にして、トップまで立たないかんけれども、トップに立ったときには、一つの武器しか持ってなかった人間であっても……、まあ、弱点は人間としてたくさん持ってはいるんだが、オールマイティーにならねばならんところがあるわけよ。相撲界を代表して、どっから見られても恥《は》ずかしくない横綱にならねばならない。

まあ、知らないことについて多くを語ることはできないけれども、それでも、横綱として品格を失わない「生活態度」や「立ち居振る舞《いふま》い」、「受け答え」等ができねばならない。それが明日《あす》の新聞に活字として踊《おど》ったり、夜のスポーツニュースでも流れたりするからね。

やはり、その一言《ひとこと》で、相撲界全体を汚《けが》してしまったり、追放されることだってあるわけだ。「言葉の重さ」ということでは、総理大臣と変わらないな。総理大臣だって、ほんの一言で追放されることはあるだろう。どうだ？

斎藤　一言で退陣《たいじん》した人もいたと思います。

北の湖　言ってはならないようなことを言ってしまったらね。

まあ、私はよくは知らんが、今、イスラム教とか、キリスト教とか、戦って紛《ふん》争《そう》しているんだと思うけども、一言ね、「イスラム教徒なんか、みんな死んでしまえばいい」とかいうようなことを、公式の場でインタビューで答えたら、その瞬間に立場は危ないだろう、例えばな。

そらあ、ほんのちょっとした禅問答《ぜんもんどう》みたいなもんだと思うけど、相撲界を代表していても、そういう禅問答みたいに、短い言葉のなかで、角界を代表して、足をすくわれないようなことは言わなきゃいけない。

しかし、逃《に》げてはならない。逃げるわけにはいかない。逃げれはしないけれども、要するに、土俵《どひょう》と同じ短い戦いではあるけれど、「寸鉄《すんてつ》、何か人の胸を打つもの」がなければならんわな。

そういう意味で、勝負の世界を極《きわ》めていくなかに、「人生訓」を学んでいくことが大事だということだな。

「『全力でもって倒《たお》す！』それが先輩《せんぱい》へのご恩返し」

斎藤　親方《おやかた》のお話を聞きまして、強さやトップの品格、そして責任など、そうした「ナンバーワンの哲学《てつがく》」のようなものが、ズシッときました。

ただ、われら凡人《ぼんじん》は努力をしていくなかで、どうしてもつらいことや悲しみ、敗北が訪《おとず》れることがあって、そのときに挫折《ざせつ》してみたり、「もう駄目かな」と思ったり、いろいろ迷ったり、弱気になったりすることがございます。親方には、トップを目指していくに当たり、そういう小さな戦いで、「どうしようもないなあ」というマイナスの思いが出たときはなかったのでしょうか。

また、ぜひご指南《しなん》いただきたいのは、そういうときに、どのように突破していったのかというところです。そういう人間がいたら、どんなアドバイスをされますか。

北の湖　私らも、だんだん注目されてくると、そういうモヤモヤした感じっていうかなあ、人間関係や、スポーツ紙とかの批評とか、アナウンサーのコメントとか、それが響《ひび》いてくるし、聞こえてくるからね。まあ、それを経験するのは、たぶん君らも同じだと思うけどね。

いろいろ気にはなるよ、そら。「翌日の新聞を見たら、こんなことが書かれている」と。「あの取組はなってない」とかね。いろいろ書かれることはあるな。悔《くや》しい思いはする。

でも、すべて、結果は土俵の上で示すしかないし、自分なりの答えを土俵の上で示すしかないと思っていたしね。

それに、「出世したい」というようなことで、人間関係の葛藤《かっとう》なんかを起こしている場合じゃないわけで。昔から、「土俵の土のなかには、金貨が埋《う》まってる」と言われてるようにね、わずかな土俵のなかに、お金なんかいくらでも埋まってる。お金も名誉《めいよ》も地位も、みんな埋まってるんだよ、砂のなかにね。流す汗でね、決まってるんで。

まあ、いろいろなことを言われたり、人間関係で悩《なや》むこともあるかもしれないし、自分を手ほどきしてくれた先輩《せんぱい》力士を負かしていくのはつらいよ。

例えば、向こうが角番《かどばん》のときとか、「負け越《こ》したら、もう引退になる」っていうようなときがあるからね。

でも、それで角番のときに、手加減して負けてやったりしたら、これは八百長《やおちょう》だよね。いわゆる八百長になるわね。お互《たが》いに助け合いだな。

まあ、相撲界の労働組合で、「角番になったら、（勝ち）星を相手に売ってやる」という感じで、「その代わり、こっちが角番のときは、星を一つくれよ」みたいな貸し借りをし始めたら、これは堕落《だらく》だわな。だから、それを知ってしまったファンは許さなくなるわな。

だから、「これで勝ったら、かつて優《やさ》しくて、飲み屋に連れていってくれたり、おでん屋に連れていってくれたりした先輩は、プロとしてはおしまいになるな」というのは分かっているときがある。

分かってても、「ご恩返し」としては、そういうときだからこそ、全力でもって倒《たお》す！　先輩を倒す！

斎藤　はい。

北の湖　「先輩、引導《いんどう》を渡《わた》させていただきます」と。

「今までお世話になった。何度も飲みに連れていってもらった。何度も人生学を教わった。何度も、おでんや、ちゃんこをご馳走《ちそう》になった。ご恩返しは、この一瞬。今日、とどめを刺《さ》すことで、ご恩返しさせていただきます」と。「あなたを見事、土俵の外にすっ飛ばして、そして、上を目指します」と。「それが、私の後輩としてのご恩返しです」と。

これだけの強さがない者は、いずれ去ることになるんだ。

北の湖親方《おやかた》が力説する、幸福の科学における「ご恩返し」とは

北の湖　君らのなかにも、そういうのがあるだろ？　上司がいろいろ言った。まあ、雑音に聞こえるわな。また、いろんな人が言う。「あんたの笑い方が気に食わん」とかさ。「髪型《かみがた》が気に食わん」とかさ。「あんたのつくった、その編集の方針が気に食わん。挿絵《さしえ》が気に食わん。題が気に食わない。本の売り方が気に食わない」。いろんなことを言われるだろう？　な？　あると思う。

北の湖親方 霊指導

「人生の勝負哲学」

「先輩、引導を渡させていただきます」と。
「あなたを見事、土俵の外にすっ飛ばして、
そして、上を目指します」と。
「それが、私の後輩としてのご恩返しです」と。
これだけの強さがない者は、
いずれ去ることになるんだ。

そんなんで、調整だけやってたら、人生、進まないんだよ。そんなんじゃない。土俵に勝負があるんだから。

あんたがたの勝負は……、（斎藤を見て）例えば、編集だろう？ あんた。

斎藤　はいっ！

北の湖　勝負は、だから本なのよ。な？ 悔しかったら、（机を叩《たた》く）売ってみろよ。そういうことなんだよ。悔しかったら、売ってみろよ。周りが見て、「えー？ そんなに売れると思わんかった」っていうぐらい、売れる本を出してみたら黙《だま》るから、みんな。あんたの人格を笑ったり、批判したりしてた人、みんな黙っちゃうから。

それを、ご機嫌《きげん》取って、調整なんかしてたら駄目なんだよ。そういうのは駄目なんだ。「私のミスを見逃《みのが》してくれれば、あんたのミスも見逃しますから」みたいな、そんな貸し借りやってたら、そんなもの駄目なんだよ。

斎藤　うーん……。

北の湖　分かるか。「ご恩返し」というのはなあ、あんた、先輩に当たる人が、それは文句《もんく》を言うことは多いんだろうけれども、あるいは、上司の方が言うんだろうけれども、「ご恩返し」って、そういうことだよ。
いやあ、本当に編集者なら、編集者として超《こ》えちゃうことだよ。先にいた人たちを超えてしまうことがご恩返しだし、あるいは、ここは宗教だから、まあ、教祖がいらっしゃるからさ。
だから、「ご恩返し」っていうのは、何かっていうとな、そらあ、給料もらって、「ありがとう」って言うことじゃないよ。ご恩返しっていうのはな、あんたの力で教祖を百倍有名にしてあげることだよ。なあ？　教勢を広げてやることだよ。それが「ご恩返し」なんだよ。

斎藤　なるほど。やってのけて、実績を出して、強くなっていく。

北の湖　うん。「弱いやつは去れ！　土俵を去れ！」と。

これはプロなんだから。草野球ならぬ、草相撲じゃないが、素人《しろうと》の学生相撲で、一円にもならんやつは、そらあ、スポーツとしてやっとりゃ、それでよろしい。しかし、プロとしてやる以上、お金を取る仕事はね、それは許されんのだということを知っといたほうがいいよ。

そこを助け合いの世界みたいに、お互いに貸し借りやっているような、そんな

北の湖親方 霊指導
「人生の勝負哲学」

弱いやつは去れ！

土俵を去れ！

考えを持ってたりな、「パチンコの台がたまたまいいのが当たったから、チューリップが開いて金が儲《もう》かった」みたいなことで、仕事に成功したとか思うような、そんな甘《あま》い考え方を持ってるようじゃ、そういう人は駄目だよ、基本的に。

酒井　とすると、今の日本人のなかに、そういう問題があるということですか。

北の湖　ある！　ある！

酒井　今、大相撲で外国人の台頭《たいとう》を許していることも……。

北の湖　まあ、私も理事長をしていたから、それを全部否定するわけにはいかんからさ。

酒井　はい。

北の湖　相撲が国際化したこと自体はいいことです。世界に知られるようになったこと自体はいいことだが、日本人力士は、ちょっと情けないわな、国技としてはな。

まあ、柔道《じゅうどう》も外国に負け始めたから、言えないけどね。柔《やわら》は、日本発のもんだな。それが、外国のほうが強くなってきた。

だけど、国技でなあ、日本語をしゃべれないような人が優勝ばっかりするようになったら、ちょっと困るな。

七、ライバルやスランプにいかに立ち向かうか

ライバルに勝つために「強み」を磨《みが》く

酒井　柔道《じゅうどう》もそうですし、「個人戦における弱さ」っていうのは、非常に何て言うか、別にサッカーを悪く言うわけではないですけれども、「個人の強さ」というか、「本当の勝負」というか、「孤独《こどく》の勝負」というか……。

北の湖　いやあ、私らはね、個人戦のようで、個人戦じゃないからね。

酒井　そうですか。

北の湖　個人戦のようであるけど、実際は、個人戦じゃなくて、まあ、東と西と別れてやるけどね、これ、戦《いくさ》で言えば、将だからね。個人戦じゃなくて、東軍、西軍の、それぞれ大将なんで。大将が意気地《いくじ》なしだったら、勇猛《ゆうもう》な軍隊なんて生まれませんよ。

酒井　当時は、●輪島《わじま》という横綱《よこづな》がいらっしゃいましたね。

北の湖　ああ、いたね。輪島ね。

酒井　ほぼ、互角《ごかく》の戦いをやっていたと思うんですけど（通算対戦成績は輪島二十三勝、北の湖二十一勝）。

●輪島大士《ひろし》（1948～）　第54代横綱。幕内優勝14回。左の下手投げが得意で「黄金の左」と言われ、初土俵からわずか3年半で横綱に昇進した。初の学生相撲出身の横綱。

北の湖　うん、うん。

酒井　東軍、西軍の大将が強かったのは、やはりライバルがいたからだと思うのですが、勝負におけるライバルの存在については、どうなのでしょうか。

北の湖　まあ、それは必ず、どの世界でも出てくるんでね。ライバルがいないぐらい無敵であることは、それは望ましいことではあるけれども。やっぱり、慢心《まんしん》

「左下手」の輪島、「右上手」の北の湖が繰り広げた44回の対決は観客を魅了し、「輪湖時代」とも呼ばれた、大相撲の黄金時代の一つ。北の湖は、大関時代に輪島との優勝決定戦で敗れた屈辱が、以後、強烈な勝利への闘志となったという。のちに北の湖は「あの人がいたから私は頑張れた」と述懐している。

しないことも、人生、大事だからね。

自分とスタイルの違《ちが》う力士がいることによって、なかなか万能《ばんのう》にならない悔《くや》しさがあるな。十割の勝ちを収められないっていうところが、さらなる精進《しょうじん》を呼び込《こ》むことになるからね。

輪島とかも、体格がねえ、先ほどのあれじゃないが、手も長いし、足も長いしね。いわゆるリーチがあるために、距離《きょり》を取って相撲《すもう》を取られると、なかなか、その勢いを……。私なんかはサイみたいなもんだから、突進力《とっしんりょく》でけっこう勝ってしまうので。その長いリーチで、この突進力を止《と》められる……。

横の動きだな。横に揺《ゆ》さぶる動きで、その突進力を押《お》さえられて、力比べになっていったときに、まあ、勝負が五分五分《ごぶごぶ》になってくるんでねえ。その最初の、まっしぐらの突進を受け止められたときの、次の手だな。突進が止められたときは、互角になってしまうので。それは、あちらもそこそこの横綱ではあったかなあと思う。

ただ、私はどうしたかということですが、ある程度の体重と、重心の低さ、および、突進の速度ね。やっぱり、突進を止められるんだったら、「突進の速さ×重さ」が衝撃力《しょうげきりょく》になるわけだから。「速さ×重さ」なので、重さが増やせなければ、速さだよ。「速さ」と「重心の低さ」だね。

この重心を調整し、突進力をもう一段、向こうが思ってるより「零《れい》コンマ一秒」でも早く相手に到達《とうたつ》することによって、相手の動きが一瞬《いっしゅん》、遅《おく》れをとる。そこに「隙《すき》」が出る。

だから、一撃では出せないにしても、体が開く。開いたときに「隙」が出る。そのときに次の技《わざ》を繰《く》り出す。

この「零コンマ一秒」を縮めるために努力するわけよ。相手がライバルとして立ちはだかった場合は、私のいちばんの強さは「突進力」である。突進力だし、次は、「上手《うわて》投げに投げ飛ばす力」ですから。

だから、上手投げに投げ飛ばすときには、相手の体勢が崩《くず》れてるっていうことが大事ですよね。体勢が崩れてなかったら、投げ飛ばすのはそんな簡単ではない。盤石《ばんじゃく》の体勢だったら、投げ飛ばすことはできないので、突進力で相手の体を揺らがせて、そして重心を崩すことが大事ですね。相手の重心を崩せば、あとは、強《ごう》引《いん》に投げ飛ばすことは可能になる。

だから、その「零コンマ一秒」を縮めるための努力をするわけよ。

酒井　ということは、「強み」をさらに磨《みが》いて、ライバルと戦ったということですか。

北の湖　まあ、そういうことだな。

新勢力の「千代《ちよ》の富士《ふじ》」から勉強させてもらったもの

北の湖　それから、千代《ちよ》の富士《ふじ》（九重《ここのえ》親方）のように、相撲界では珍《めずら》しいんだけど……。まあ、相撲の練習は、普通《ふつう》は「鉄砲《てっぽう》」（柱に向かって突《つ》っ張りを繰り返す稽古《けいこ》法）をやったり、そういうので腕《うで》の力を鍛《きた》えるんだけども、千代の富士はそうじゃなくて、いわゆる普通の重量挙《じゅうりょうあ》げというか、ほかのスポーツ選手もやるようなあれを入れてね、バーベルを上げて腕の力を鍛えていました。あれで廻《まわ》しをつかむ握力《あくりょく》を上げ、プッシュする力を強めることで、彼も三十回以上（三十一回）、優勝していたと思いますけど。

体を鍛え上げるっていう、あれがねえ。だから、体だけで見れば、大きなものに当たって勝てるわけないので。横綱として逃《に》げずに、大きい体の者とまともにぶつかったら、普通は弾《はじ》き飛ばされる。だから、普通は「体重×速さ」になるので。その弾き飛ばされるところを、重心を落として、筋力の強さではね返すっていうことはやっていた。

だから、こちらが千代の富士のような人と相撲を取れば、まあ、「鉄鋼の塊《かたまり》」みたいなのとぶつかってるような、まるでそんな感じかなあ。うーん、そういう感じはある。

酒井　そうですね。当時、新勢力として千代の富士関《ぜき》が出てきて、北の湖関は負け始めました。あのときは、どんな気持ちだったのでしょうか。新たな勢力について。

北の湖　まあ、それは、相撲の世界も「諸行無常《しょぎょうむじょう》」だからねえ。次々と出てくるし。意外に、のったりと歩いてるようには見えるが、激しいスポーツなんだよ。

だから、そう長くはもたない。

ただ、ああいう千代の富士の強さは、あれだったねえ。鍛え上げた、要するにスポーツマン型の体でもって、選手寿命《じゅみょう》っていうか、〝スポーツ生命〟を延ばしたわな。普通だったら、とうに引退になっている年齢《ねんれい》でも、まだ横綱を張り続けていたから、「ああいうあり方があるんだ」ということを勉強させてもらったな。

ただ、私みたいな、体に肉がついて体重が重くて、たぶん脂肪《しぼう》も持ってた

1985年1月、新両国国技館の落成式で、三段構えを披露する両横綱・北の湖と千代の富士。三段構えは、相撲の基本形である上中下の構えを見せる儀式で、特別な日のみ行われる。

とは思うけど、そういう重量でもって戦う者にとっては、彼型の筋トレっていうのは、そんなに向かないものであったんでね。

まあ、相撲の醍醐味《だいごみ》とはちょっと違う戦い方だったかなと思うところがあるな。あの体型なら、プロレスラーとかにも転向できる体型だよな。

酒井　北の湖関は、そこから引退に至ったわけですけど、そのときの精神というか、「勝負師の精神」は、どうあるべきなのでしょうか。

北の湖　まあ、それは桜の花と一緒《いっしょ》さあ。満開が来れば、散るときも来るだろうというのは分かってる。

千代の富士みたいなのは少し長めで……、大鵬《たいほう》も長めにやったかとは思うけれども、まあ、普通は三十前後で、だいたい横綱もピークは過ぎるからねえ。

ああいう「スピードの勝負」の世界だったら、二十歳《はたち》ぐらいで攻《せ》めてくる者に打ち勝つのは、なかなか大変だよ。君たちサラリーマンは、まだ、文字の上で「知力の戦い」というのがあるんだろうがなあ。あるいは、「言論の戦い」とかもあるんだろうけどもねえ。

まあ、それは、肉体的なものからの限界は来る。だから、故障も多くなってくるしね、だんだんにね。それに、内臓にもかなり負担はかかっているからね。だから、あとから来る者が強く見えるときもあるけれども、実際に本当に強いかどうかは、やっぱり均《なら》して見てみないと分からないところがある。全盛期同士でぶつかることはできないからね。全盛期と全盛期のぶつかり合いじゃないので。それに、あとから伸《の》してくる者は、また次の者に負けていくことに必ずなっているわけで。必ず誰《だれ》かが引退させることになるわけだなあ。だから、大横綱でも、投げ飛ばされて引退を決めるときがあるわけだね。

まあ、それはつらいけども、スポーツとしては、そういうもんだと。プロ野球だって、定年六十歳《さい》までは働くことはできないわな。だから、その寿命を延ばすためには、体のトレーニングをしっかりやって、細《こま》かく磨き込んでコントロールしている人だけが、人よりも少し長く活動はできるがなあ。まあ、なかなか……。

ただ、強い、あるいは一流の競技をできるだけでなくて、メンテナンスの部分が、どれだけ企業《きぎょう》努力風にできているかによって、変わりがあるわね。

特に、私みたいなタイプは、まあ、「戦車」だから。いわゆる「戦車」なので、やっぱり、ぶつかったときの衝撃力が大きい。相手を破壊《はかい》する力もすごく強いけども、自分も一定の衝撃で傷《いた》んではいるのでねえ。だから、そう長くは取れるもんではないかもしれないね。

土俵際《どひょうぎわ》の粘《ねば》りを生む「精神力の鍛《きた》え方」

斎藤　今、「戦車であって、突進力が強い」というお話がありました。

北の湖　うん。

斎藤　ただ、相撲の醍醐味《だいごみ》として、突進力や、散っていくときの「心の引き際《ぎわ》」のようなものがあるなかで、もう一つ、「粘《ねば》り」というものがあると思います。

北の湖　なるほど。

斎藤　俵《たわら》から出るか出ないかのときに、もう半歩出るか出ないかのところでグーッと粘って、じっと沈黙《ちんもく》の時間で耐《た》え抜《ぬ》いて、もう一回押し返すような場面も、それも非常に手に汗握《あせにぎ》るところがございます。

そのときに、「人生の粘り」とか、「ここ一番のときに粘らなきゃいけない」ということについては、どんな気持ちでいるのでしょうか。「押し、引いて、粘る」ということについて、何かありますか。

北の湖　いやあ、それはねえ、精神力といえば精神力なんだけれども。やっぱりスポーツ系であれば、精神力というのもほとんど、「筋肉を鍛《きた》えていくつらさに耐える力」かなあ。

この筋力も、修行《しゅぎょう》というかトレーニングをすると、つらいだろう？　筋肉痛でな。やっぱり自然体に戻《もど》りたくなるよな。それを押してやっているところに、「筋力」も強くなるが、何と言うか、「精神力」も強くなる。

だから、俵のギリギリまで追い込まれて、そこでもう割って出るか、持ち堪《こた》えるかっていうのは、それは具体的には筋力の力、体の力の問題ではあるけれども、そのもとは、日ごろの鍛錬《たんれん》で、どこまで苦しいことに耐えているかっていうのが出るわけよ。やっぱり、それは一定の確率で必ず出る。

まあ、その日その日の調子の上がり下がりもあるから、そのへんのコントロールも大事なんだけどね。最高の調子を保つのをどうするかは、もう各人の問題だ。だから、場所中でも、夜はストレス解消に飲み歩いてる人もいれば、不規則な生活をする力士もいるよ。負けた晩には大酒を飲んでストレス解消しないと、翌日（土俵《どひょう》に）立てないような人もいるけども。

やっぱりコンスタントに戦える力を持つっていうのは、「勝っても負けても同じように修行を積んでいく」っていうかなあ。まず、あんまり負けが込む、要するに、いわゆる「スランプ型」になった場合は、「基本」に戻らなきゃいけない。

斎藤　「基本」に戻る。

北の湖　うん。相撲取りの「基本」に戻って、やるべきことを、もう一回仕込み直す。そういう「基本」に戻らなければいけない。

自分が負け始めてもね、「やっぱり、これは何かたるみがある。心に緩《ゆる》みがある。あるいは、基本的な鍛え方が足りない」と。例えば、股割《またわ》りが足りないっていうようなところが、粘りの弱さを呼び込むこともあるからね。

だから、そういう「基本」のところだな。それが、何かちょっと緩みが出るわけよ。例えば、相撲で負けたら酒を飲みに行く。ウワーッと出て、部屋の若い者と酒を飲んで憂《う》さを晴らさないと翌日取れないような人は、そのへん、どうしても勝つ方向になかなか行かなくなるかな。

北の湖親方 霊指導
「人生の勝負哲学」

あんまり負けが込む、要するに、
いわゆる「スランプ型」になった場合は、
「基本」に戻らなきゃいけない。
相撲取りの「基本」に戻って、
やるべきことを、もう一回仕込み直す。

八、北の湖親方の過去の転生《てんしょう》に迫《せま》る

北の湖親方が明かす「江戸《えど》時代の過去世《かこぜ》」とは

酒井　なるほど。そうすると、ある種、修行者《しゅぎょうしゃ》に近いかたちがあるように思います。

北の湖　そうだ。そのとおりだ。

酒井　また、相撲《すもう》は御神事《ごしんじ》でもあります。

北の湖　そうだ。

酒井　そういう原点に戻《もど》ると、勝負の世界において、何か霊界《れいかい》とのかかわりというものはあるんでしょうか。

北の湖　あるよ。やっぱりねえ、もうビリビリになるねえ。

斎藤　ビリビリですか！

北の湖　うん。相撲は、最初から塩を撒《ま》いて、何度も睨《にら》み合ってやってるうちに、もうビリビリ、ビリビリだね。全身ビリビリに、感電してくるような感じになる。

酒井　その当時は、まだお分かりではなかったかもしれませんが、今になって振《ふ》り返ってみると、その霊的源泉《げんせん》というのは何ですか。

北の湖　ああ、「日本神道《しんとう》系の神様」だと思います。

酒井　神様。

北の湖　うん、うん。やっぱり、国技を護《まも》っているものがあるから、続いているんだと。

酒井　北の湖関《ぜき》には、間違《まちが》いなく、そのビリビリしたものが来ていたんですよね。

北の湖　来てました。ビリビリだよ。ビリビリが来てました。間違いなく来てた。

酒井　それは、今、振り返ってみると、具体的にどういう方だったんですか。

北の湖　まあ、直前はたぶん、江戸《えど》後期の力士だと思うけどね。そのころの〝横綱《よこづな》〟だと思いますが、いわゆる私みたいな肉体派でも指導霊《しどうれい》はいるわけで。ええ。

酒井　はい。

斎藤　当時、雷電《らいでん》という非常に強い力士がいましたが。

北の湖　そうです。

斎藤　へっ？　雷電……？

北の湖　そうです、そうです。

斎藤　過去世《かこぜ》は雷電ですか。

北の湖　そうです、そうです。

酒井　えっ、過去世は雷電？

北の湖　はい。そう。

斎藤　「二メートルぐらいあって、巨大《きょだい》な力士だ」と言われていました。

北の湖　そうです、そうです、そうです、そうです。

斎藤　圧倒《あっとう》的強さを誇《ほこ》っていた、あの……。

北の湖　雷電です。そうです（注。雷電爲右《ため》エ門は江戸時代の相撲力士で、現役生活二十一年で二百六十四戦二百五十四勝、勝率九割六分を誇る大相撲史上最強力士とされる。当時は横綱制度が確立していなかったため、横綱免許《めんきょ》は受けていない）。

（勝川春亭画／江戸東京博物館蔵）

雷電爲右エ門（1767 ～ 1825）

信濃国（長野県）出身。松江藩のお抱え力士となり、出雲にゆかりのある四股名「雷電」を名乗った。身長 198cm、体重 188kg の巨漢力士で、あまりの強さに「突っ張り」「張り手」などを禁じ手とされたと言われている。44 歳で引退するまで 16 年にわたり、大関の座を守り続けた。教養もあり、雷電日記と呼ばれる『諸国相撲控帳』などを書き遺している。

酒井　はあ……、そうなんですか。

北の湖　だから、雷電と一体になる。御神事で最初、塩撒きをして、相手を睨《にら》んでいるうちに一体になってくる。

酒井　なるほど。

北の湖　うん、睨みつければ睨みつけるほど、一体になってくるので。

斎藤　雷電ということで、本当に、「雷《かみなり》の電気」じゃないですけど。

北の湖　うん、うん。ビリビリだよ。ビリビリです。

「御神事《ごしんじ》の占《うらな》い」にも通じるものがある「勝負事」

酒井　そのさらに奥《おく》には、どういうものがあるのでしょうか。「神道系とのつながりがある」ということなんですが。

北の湖　いやあ、それは、神々の神は分かりませんがね。私たちを直接指導してるのは、そういう相撲取りをやったような者だろうし、その前にある古い者たちは、おそらく、武将とか、そういう方々であろうとは思うがねえ。

とにかく、「勝負をする」っていうのは、結局、「御神事《ごしんじ》の占《うらな》い」にも通じるものだったんだよ。

酒井　なるほど。

北の湖　ええ。自分のひいきの者があるでしょ？　どっちが勝つかを見て、戦《いくさ》を占う、それから政治の吉凶《きっきょう》を占う、そういうものであった。どっちが勝つかを見てね、占うものであったんだよ。

「宝蔵院《ほうぞういん》」の槍使《やりつか》いの坊主《ぼうず》

酒井　北の湖親方《おやかた》のほかの転生《てんしょう》について、お分かりになるレベルでお教えいただければと思います。古代のものでも構わないのですけれども……。

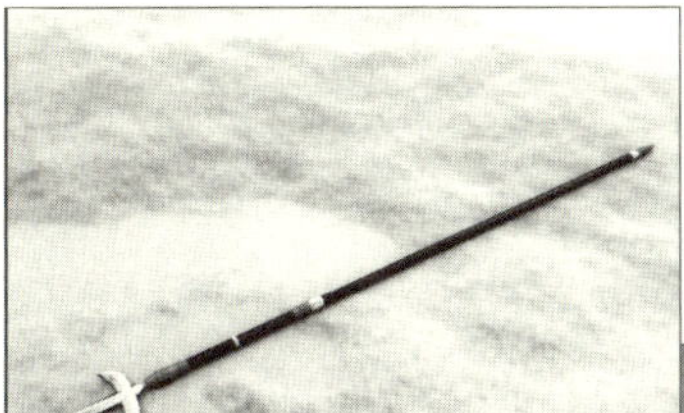

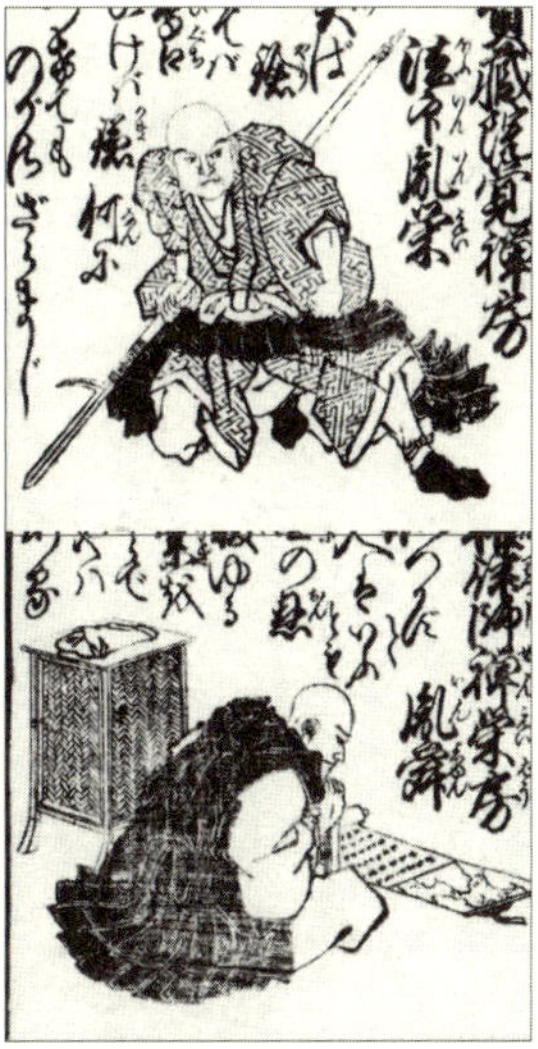

宝蔵院流槍術の創始者である興福寺（左下）の僧・覚禅房胤栄《がくぜんぼういんえい》（右上）、２代目の胤舜（右下）。宝蔵院流で使われる槍は十字の左右が上向きの十文字鎌槍とも呼ばれる（左上）。

北の湖　まあ、もうちょっと前になれば、うーん、どちらかといえば武芸のほうにちょっと近い。

酒井　どのような武芸だったのですか。

北の湖　うーん。そうだねえ。頭が坊《ぼう》さんで、槍《やり》を使ってた宝蔵院《ほうぞういん》とか、あんなところでやってた記憶《きおく》はあるな。

斎藤　ええっ？　小説の『宮本武蔵《みやもとむさし》』で出てくる宝蔵院も有名ですが……。

北の湖　うーん、そうだな。宝蔵院とかで、槍を使って……。まあ、槍といって

●**宝蔵院**　奈良・興福寺にあった子院の一つ。「宝蔵院流槍術」発祥の地とされる。吉川英治著の小説『宮本武蔵』では、宝蔵院流・二代目の胤舜《いんしゅん》が、多数の門弟を抱える当主として登場する。

も、普段《ふだん》は布を巻いて、殺すところまではやらないもので練習はしてたけどね、道場でね。

そんなふうにやってたから、槍を使える坊主《ぼうず》だな。うんうん。槍使いの坊主をやっていたな。

神話の時代には日本に転生《てんしょう》していたのか

酒井　その前はどうなのでしょうか。
北の湖　その前は、それは、いろんな戦の時代等で、やっぱり、百人力《りき》、千人力《りき》の戦いをしたような人だなあ。そういうのはやってたかな。
酒井　『日本書紀《にほんしょき》』や『古事記《こじき》』に出てくる方などは、過去世にいらっしゃいますか。

北の湖　うーん……。『日本書紀』……。まあ、千代《ちよ》の富士《ふじ》がね……。

酒井　「天手力男神《あめのたぢからおのかみ》の生まれ変わり」というお話もありますが。

北の湖　うん、天手力男だけど、一人じゃ相撲はできないからね。

酒井　はい。

北の湖　彼だって、相手は必要だからね。ただ、その時代には、名前としては、ちょっとまだ出てないかなあ。はっきりとは出ていないかもしれない。

酒井　ただ、日本にいらっしゃったことは事実なんですね？

北の湖　はい、はい。相撲は一人では取れないから（笑）。

酒井　はい。やはり、日本をずっと見守っている神様の一人だったということで……。

北の湖　だから、日本が多いなあ。

天手力男神は、天照大神が岩戸隠れされたときに、岩戸の脇に立ち、岩屋のなかから天照大神を外に出した神と伝えられる（上：伊藤龍涯画「天照御大神」〈神宮徴古館蔵〉／左：天岩戸神社の天手力男神）。

やっぱり、日本だなあ。基本的にはな。

酒井　なるほど。

九、　北の湖親方直伝《おやかたじきでん》・「念力《ねんりき》」の鍛《きた》え方

北の湖親方《おやかた》の「念力《ねんりき》の強さ」の秘密とは？

酒井　そういう意味では、やはり、今の日本に対して、「相撲《すもう》を通してもの申したい」ということで……。

北の湖　うん。だけど、戦国の武将とか英雄《えいゆう》たちも、基本的には、相撲の「念《ねん》力《りき》」と、ほとんど変わらないもんで。

酒井　あっ、念力と……。

北の湖　ほとんど「念力」なんだよ。

斎藤　念力ですか！

酒井　先ほど、少し気になっていたのは、北の湖親方《おやかた》の念力がとてつもない強さで、今朝《けさ》、幸福の科学の幹部もかなり負けたということなのですが……。

北の湖　もう幹部は弱い。幸福の科学の幹部は弱くて、弱くて、そんなん、話にならないわ（笑）。

斎藤　（苦笑）

北の湖　五秒も、もちやしないんで。

酒井　念力の鍛《きた》え方、あるいは効用について……。

北の湖　うーん。弱いんだよ。弱くって、何だかもう、襖《ふすま》……、襖じゃないわ。何だ、障子《しょうじ》の張り紙ぐらいの力しかないんだよな。簡単に破れる。

酒井　念力は、どのようにして鍛えればよいのでしょうか。

北の湖　ええ？　もっと「苦しみ」を与《あた》えなきゃ駄目《だめ》だよ。

酒井　苦しみですか。

北の湖　うん。

斎藤　苦しみがあると、念力は強くなるんですか。

北の湖　もう、ヘド吐《は》くまで働かせなきゃ駄目なんだよ。

斎藤　なるほど。ヘドを吐くまで働かせると。

北の湖　いやあ、（あなたがたは）働かせないでしょう？　ええ？　ヘド吐くまで働いてないだろう。楽々悠々《らくらくゆうゆう》、やっとるだろうが。甘《あま》やかしとるんだよ。

斎藤 （苦笑）

酒井 これは、単なる肉体的トレーニングの問題だけではないのですか。

北の湖 まあ、君らは肉体だけの仕事ではないだろう。もうちょっと精神的なものとか、知識的なものとかもあるだろうから、違《ちが》うかもしらんけど、もうちょっと「修羅場《しゅらば》」を経験させなきゃいけない。

斎藤 「修羅場」を経験させる……。

北の湖 うん。やっぱり、厳しい環境《かんきょう》に立たせないと駄目なんだよなあ。

選挙には「一票でも余分に取ろう」という執念《しゅうねん》が必要

北の湖　（幸福実現党の）選挙なんかを見たって、弱くて弱くて、もう見てられないですわ。

酒井　これも、念力と関係があるのですか。

北の湖　ええ？　相撲取りには関係がないが、私らであったら、もう〝打ち首〟だな。

酒井　ああ……。やはり、念力が弱すぎるのですか。

北の湖　弱いよ。「一票でも余分に取ろう」というぐらいの執念《しゅうねん》がなかったら……。

酒井　執念がない。

北の湖　もう、勝たせてくれるのを待ってるような状態じゃないか。何か、池の鯉《こい》みたいに、餌《えさ》を撒《ま》いてくれるのを待ってる。麩《ふ》が落ちてくるのを待ってる。

候補者は「しびれて応援《おうえん》せざるをえなくなるような演説」を

酒井　例えば、選挙においても、人によっては、ビリビリ来るような感じが出ているのでしょうか。

北の湖　出てますよ。

酒井　出ていますか。

北の湖　逃《に》げられないんですよ。一回見たら、逃げられないんですよ。

斎藤　（笑）見ただけでですか。

北の湖　ええ。もう、稲妻《いなづま》は上からだけ来るんじゃないんだ。

斎藤　はあ！

北の湖　手からだって、目からだって出るので。いったん見たら、もう凍《こお》りつくぐらい、動けなくなるぐらい引き寄せられて、グーッて引っ張られるから。

酒井　勝負の秘訣《ひけつ》には、そのビリビリくる霊的《れいてき》な……。

北の湖　うん、まあ、ビリビリも、恐怖《きょうふ》だけではいけないから（笑）。

酒井　ええ（笑）。

北の湖　やっぱり、人気商売は、そうであってはいけないけども、演説を聞いたら、投網《とあみ》にかかるように、みんながグワーッと引っ張っていかれる。一回聞いたら、もう、しびれてしまって、応援《おうえん》せざるをえなくなる。その感じが必要なんだ

北の湖親方 霊指導
「人生の勝負哲学」

演説を聞いたら、投網にかかるように、
みんながグワーッと引っ張っていかれる。
一回聞いたら、もう、しびれてしまって、
応援せざるをえなくなる。
その感じが必要なんだよなあ。

よなあ。

酒井　ああ……。

北の湖　だけどね、「よかったら入れてくださいね」とか、「出るように言われましたので、今、出て話をしています」みたいな感じの人たち？　こういうのは「幕下《まくした》」なんだよ、要するに。

斎藤　はあ……。

北の湖　幕下のやつはねえ、お金を取れないんだよ、相撲では。まだ練習中なんでさあ、先輩《せんぱい》の〝おこぼれ〟をもらって生活してるんだから。（幸福の科学には）

幕下が多すぎるわなあ。

だから、そんな幕下の相撲をやってねえ、局長だ何だって言って、張っていられるもんだと思って、私は感心するわ。ほんとに。

「喉《のど》から血を吐《は》くぐらいやれ」

酒井　要するに、「念力を鍛えるためには、もっと苦しめ」ということですね。

北の湖　うーん。そこまで努力してないでしょう。ええ？　草鞋《わらじ》が擦《す》り切れるまで歩いてないでしょ？　喉《のど》が潰《つぶ》れるまで演説してないでしょう。

酒井　なるほど。

北の湖　ええ？　手から血が出るまで握手《あくしゅ》してないでしょうが。

斎藤　白鵬《はくほう》も横綱《よこづな》を張っていますけれども、彼のドキュメンタリー番組を見たところ、もう吐《は》きながら練習をしていました。

北の湖　そうでしょう？

斎藤　今でも、幕下の者以上に、基本の稽古《けいこ》を、全部ゼロからしているところを観《み》て、泣きました。

北の湖　大川隆法さんだって、明後日《あさって》に、幕張《まくはり》メッセのイベントホールで説法《せっぽう》するのは、まことお気の毒だとは思うけども、この人にとったら、七千人ぐらいの講演なんちゃあ、その日に「やれ」と言われてやれるぐらいでなきゃいけないからさあ。その程度のしごきが必要だから。

だから、私は今、遠慮《えんりょ》なく霊言《れいげん》しに来てるわけよ。この程度でできんようでは、そんなもん、横綱には値《あたい》しねえからさあ。もう、この程度の試練は必要なのよ。

酒井　分かりました。

北の湖　だから、「喉から血を吐くぐらいでやれ」と言うとるわけよ。「人類救済」なんだから。

相撲ファンだってねえ、あなた、日本人なんだからさあ。だから、私の霊言が出るっていうことはよ？　スポーツ紙を読んでいる連中を、かなりターゲッティングできるっていうことだろう？　彼らに法を広げるチャンスじゃないか。

あんたがたの本は難しいから、まあ、私も読んだら難しかった（笑）。だけど、『北の湖親方の霊言』ぐらいなら読めるんじゃねえかと思って（笑）、「手ぇ出して読む人がいる」っていうのは、あんた、それは教勢拡大になるんでしょうが。

歌手ばっかりじゃないよ。そんなの読むのはな？　歌手の霊言ばかり読んでるわけじゃないんだからさあ。

十、いま、日本に必要なのは「横綱《よこづな》の心」

ポピュリズムに走る安倍《あべ》首相を「残念に思う」

酒井　それでは、国技としての相撲界《すもうかい》のトップであられましたので、「日本人に対するメッセージ」で、最後を締《し》めてくだされば と思います。

北の湖　いや、もっと強くなりなさいよ。弱すぎる。特に、安倍《あべ》さんにも言いたいけど……、まあ、英語はあんまり得意でないんだけど（笑）。（成績は）「1」だからね、得意じゃないんだけど（笑）、「ポピュリズム」って言うんか？

酒井　はい。

北の湖　ねえ？　そういう「人気取り政策」か？

　何て言うのか、リングで〝じゃれる〟じゃないけど、ラスベガスかなんかで、ショーみたいにやりながら、エキシビションで面白《おもしろ》くやるのもあるかもしらんけども、相撲っていうのは、基本的にそんなものではありませんのでねえ。

「ポピュリズム」っていう……、まあ、人気は必要なんだけれども、その人気を取るための相撲なんかは取らないわけよ。だから、勝負に真剣度《しんけんど》があって、勝っていくところに、やっぱり、人気が出るんでな。

　何か、票を取る計算して、票を取るために〝餌《えさ》を撒《ま》いている〟ような感じに見えるわな。そのへんが、ちょっと残念だしさあ。

「政府は姑息《こそく》なことをせず、堂々の言論で戦うべき」

北の湖　まあ、私も、政治のことはそんなに詳《くわ》しくは分からないんだけどね。よくは分からないし、私には、スポーツ紙の理解程度の政治にしかすぎないんだけども、何だか国会の論戦とかを見ても、「大事なところは逃《に》げている」ように見えるんだがな。

私は素人《しろうと》だから、このへんについては、よくは分かんないし、賜杯《しはい》をもらう立場で、あんまり言ってはならんとは思うけど、大事なことについて、正面からぶつかって議論して、戦って勝とうとしていないようには見えるんだけど、どうだろうか。

酒井　そうですね。

北の湖　そうだろう？

酒井　はい。

北の湖　あれは「横綱《よこづな》」じゃないな。やっぱりな。

酒井　はい。

北の湖　外国に対するメッセージも、大事なところは避《さ》けてるんじゃないのか。やっぱり、日本として、言いたいことはピシッと言わないと、駄目《だめ》なんじゃないの？

最近、杉原千畝《すぎはらちうね》の（霊言《れいげん》を）やったんだろう？（注。本霊言の四日前の十二月九日に「杉原千畝の霊言」を収録。『杉原千畝に聞く　日本外交の正義論』（幸福の科学出版刊）参照）まあ、私も、話ぐらいは聞いたことがある。命を救ったビザだな？　ユダヤ人難民六千人を救った。それに対して、外務省がずっと冷たい仕打ちをしていたんだろう？　やっぱり、「それでいいのか？」っていう感じ？

「死んでだいぶたってから、やっと、それを認めるぐらいの態度でいいのか」と。杉原を表彰《ひょうしょう》するぐらいなら、逆判断をして彼を苦しめた人たちには、やっぱり、遡《さかのぼ》って名誉《めいよ》を剝奪《はくだつ》するぐらいのことをやらないといかんのじゃないかな。そういう人類の恩人みたいな人を免職《めんしょく》にした人等《とう》の地位を、遡って剝奪しないと、そういう人に勲章《くんしょう》なんか出してる政府は、やっぱり恥《は》ずかしいんじゃないかな？

『杉原千畝に聞く
日本外交の正義論』
（幸福の科学出版）

いやあ、私があんまり分からないことに口出ししちゃいけないから、よく知らないけども、とにかく、国会で野党と討論するときにも、国民と対話するときでも、あるいは外国政府と交渉《こうしょう》するときでも、「横綱相撲」が取れないことに対しては恥ずかしいな。

よくは知らないけどね、日米安保《あんぽ》が絡《から》んだやつで、「戦争法案だ」とか言われている「集団的自衛権の問題」とか、夏からずっと長くやってたみたいだけどね。あれだって、首相は、「ホルムズ海峡《かいきょう》が通れる、通れない」みたいな話ばっかりをしてたように思うんだけど、実際は違《ちが》うんだろ？　そうじゃないんだろう？

実際は、中国が日本の近海で陣地《じんち》を張って軍事基地をつくったことで、海洋国家としての日本の死命を決せられる恐《おそ》れがあるために、集団的防衛権をつくろうとしているんだろう？　それについて、まったく議論しないんだろ。

なぜか。それは、中国や韓国《かんこく》やそういうところに、謝罪してるからでしょ？

北の湖親方 霊指導
「人生の勝負哲学」

国会で野党と討論するときにも、
国民と対話するときでも、
あるいは外国政府と交渉するときでも、
「横綱相撲」が取れないことに対しては
恥ずかしいな。

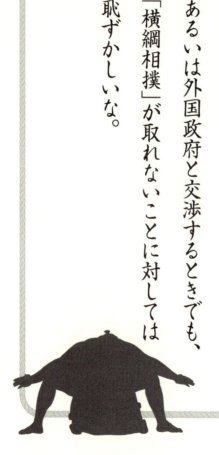

謝罪ばっかりしているから、話題にできないんでしょ？

これは、やっぱりねえ、「横綱相撲」じゃない。

酒井　なるほど。

北の湖　絶対違う。

酒井　要するに、「正々堂々の陣を敷《し》け」「横綱相撲を取れ」ということですね。

北の湖　うん。そうでなきゃ駄目だよ。横綱じゃない。

それを当然のことだと思って受け入れるマスコミとか国民は、やっぱり、「甘《あま》い」と思うわ。素人仕事を見て、それでよしとしているところが甘いな。

酒井　「横綱の心を取り戻《もど》して国を運営し、国民もそういう気持ちを持て」ということですね。

北の湖　悪いやつをバシッと張り倒《たお》したらいいんだよ。張り倒せ！　投げ飛ばせ！　それが大事だな。

酒井　はい。

北の湖　そんな姑息《こそく》なことばっかりしないで、堂々の言論で戦うべきだな。

斎藤　はい。

北の湖親方　霊指導

「人生の勝負哲学」

悪いやつを
バシッと張り倒したらいいんだよ。
張り倒せ！　投げ飛ばせ！
それが大事だな。

「宗教家は無私の心で戦わなければ駄目《だめ》」

北の湖　君たちの戦う戦士たちもなあ、ちょっと「弱き善人」みたいなところがあるみたいだから。みんなで教祖の足を引っ張っとるんだ。足を引っ張りながら、給料をもらったりさあ、役職をもらったりしてるのが、たっくさんいるんだよ。これは鍛《きた》え上げなきゃ駄目《だめ》だわ。

酒井　はい。

北の湖　七十五歳《さい》で定年かもしれないけど、六十二歳で死ぬ親方《おやかた》もおるわけだからなあ。それは、やっぱり、「いつまでもあると思うなよ」というところでなあ。

酒井　はい。

北の湖　ちゃんと教団がな、勢力を拡張……。

酒井・斎藤　（両足を揃《そろ》えて背筋《せすじ》を伸《の》ばす）

北の湖　（質問者たちを見て）よし。威儀《いぎ》を正してよろしい。

酒井・斎藤　（笑）

北の湖　（教団が）勢力を拡張できんかったら要《い》らんのだということだよ。そういう人は。役に立たん人は要らんのだと。そして、「辞《や》めたら暴《あば》れるから」なんていうことで恐《おそ》れるようでは駄目で、辞めて暴れるような人たちは、もう東京湾《わん》に沈《しず》めろ！

そういうやつは生まれてくることが間違っとるんだから。ねえ？　正義に反する。「利己心を消すこと」が、宗教のいちばん大事なことだろうが。ええ？

酒井　そうですね。

北の湖　そうだろう？　「無私の心」で戦わなきゃ駄目だよ。

酒井　はい。分かりました。

北の湖　負けたら横綱は引退だよ。それはそのとおりだよ。

酒井　はい。本日はまことにありがとうございました！

斎藤　ありがとうございました。

十一、北の湖親方《おやかた》の霊言《れいげん》を終えて

大川隆法　相撲界《すもうかい》のトップとして「引き締《し》まる言葉」を遺《のこ》した北の湖親方《おやかた》（手を二回叩《たた》く）なかなか引き締《し》まるお言葉でした。

斎藤　引き締まっていました。

大川隆法　いやあ、塩のような方ですね。これは、引き締まりますね。

酒井　よくお話しになっていました。

大川隆法　いやあ、意外に話しましたね。

斎藤　そうとう、勝負哲学《てつがく》を頂きました。

大川隆法　話せないと思っていたのですが、現役《げんえき》を引退して、指導者をしていた期間のほうが長かったので、意外に話せたのでしょう。

「オール1からの天下取り」には、やはり、それなりに厳しい道があったということですね。

酒井　はい。

大川隆法　もう少し負荷《ふか》をかけていかないと……。

斎藤　（苦笑）鍛《きた》え抜《ぬ》いて……。

大川隆法　血ヘドを吐《は》くまで鍛えないといけませんね。「千本ノック」。

斎藤　血ヘドを吐くまで鍛え抜き、圧倒《あっとう》的強さを体現していくべく、努力精進《しょうじん》を重ねます。

大川隆法　そうですね。

いやあ、引き締まりますね。さすがです。やはり、トップは違《ちが》いますね。どの世界でも、トップまで行く人は普通《ふつう》ではありません。

酒井　はい。そうですね。

大川隆法　やはり、超人的《ちょうじん》なところがあるものですね。これは、「自分に厳しい」のでしょう。自分に厳しいから、人に言っていることでも、自然に厳しさが伝わってくるわけです。

酒井　はい。

大川隆法　でも、あのビリビリ感というのは、少し分かる気がします。あの感じが、まだ足りないのですね。

酒井　はい。

大川隆法　まあ、（経典《きょうてん》が）売れなかったら、〝感電〟して死んでください（笑）。

斎藤　分かりました！　ありがとうございます。

酒井　まことにありがとうございました。

大川隆法　（手を一回叩く）はい。ありがとうございました。

あとがき

もしあなたが、打ちのめされ、劣等感に悩み、他人の同情をこいながら人生を生きていると感じたなら、本書を繰り返し読むことだ。たとえ相撲《すもう》について細かいことはわからなくとも、あなたの人生にとって、とても大事な箴言《しんげん》がこの本の中にはちりばめられている。どの世界であれ、トップを窮《きわ》めた人の言葉は、生きていく勇気に満ち満ちている。

家族の見ている目の前で土俵にころがされたくやしさを知っている人ほど、本書に永遠の美学を感じることだろう。

人間として死後、最短で、幸福の科学指導霊団入りを果たした元・横綱の、不滅の自助論がここにある。

二〇一六年　一月七日

幸福《こうふく》の科学《かがく》グループ創始者兼総裁《そうししゃけんそうさい》　大川隆法《おおかわりゅうほう》

大川隆法著作関連書籍

『元相撲協会理事長 横綱北の湖の霊言 ひたすら勝負に勝つ法』

『杉原千畝に聞く　日本外交の正義論』（幸福の科学出版刊）

『政治家が、いま、考え、なすべきこととは何か。元・総理　竹下登の霊言』（幸福実現党刊）

元相撲協会理事長 横綱北の湖の霊言
ひたすら勝負に勝つ法
──死後3週目のラスト・メッセージ──

2016年1月8日　初版第1刷

著　者　大《おお》川《かわ》隆《りゅう》法《ほう》

発行所　幸福の科学出版株式会社
〒107-0052 東京都港区赤坂2丁目10番14号
TEL(03)5573-7700
http://www.irhpress.co.jp/

印刷・製本　株式会社 研文社

落丁・乱丁本はおとりかえいたします

ISBN978-4-86395-753-4 C0030

写真：ケイセイ／PIXTA、マナエクスレギオン／PIXTA、東京都歴史文化財団イメージアーカイブ、
AFP＝時事、時事、共同通信社

大川隆法 著作シリーズ・人生に勝利する

常勝の法

人生の勝負に勝つ成功法則

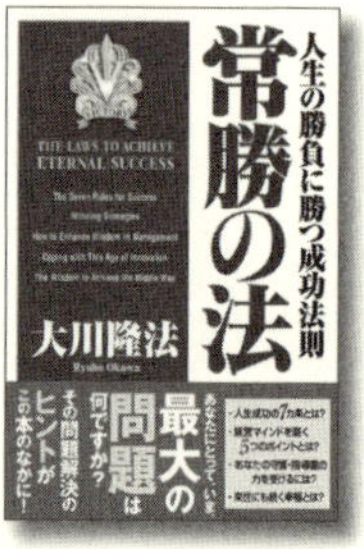

人生全般にわたる成功の法則や、不況をチャンスに変える方法など、あらゆる勝負の局面で勝ち続けるための兵法を明かす。

1,800円

常勝思考

人生に敗北などないのだ。

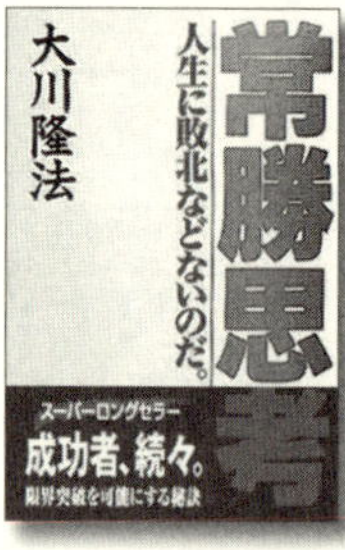

あらゆる困難を成長の糧とする常勝思考の持ち主にとって、人生はまさにチャンスの連続である。人生に勝利せんとする人の必読書。

1,456円

人生に勝つための方程式

逆境や苦難をプラスに転じる秘訣

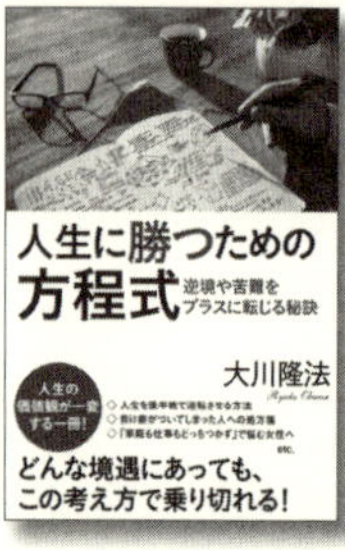

人生は、死後に必ず「採点」される。「人生に勝った」と言えるための四つの条件と、さまざまなシーンで勝ち筋に入るための智慧が満載の一冊。

1,500円

ストロング・マインド

人生の壁を打ち破る法

試練の乗り越え方、青年・中年・晩年期の生き方、自分づくりの方向性など、人生に勝利するための秘訣に満ちた書。

1,600円

※表示価格は本体価格（税別）です。

大川隆法 霊言シリーズ・日本神道の精神

天照大神の未来記

この国と世界をどうされたいのか

日本よ、このまま滅びの未来を選ぶことなかれ。信仰心なき現代日本に、この国の主宰神・天照大神から厳しいメッセージが発せられた！

1,300円

神武天皇は実在した

初代天皇が語る日本建国の真実

神武天皇の実像と、日本文明のルーツが明らかになる。現代日本人に、自国の誇りを取り戻させるための「激励のメッセージ」！

1,400円

明治天皇・
昭和天皇の霊言

日本国民への憂国のメッセージ

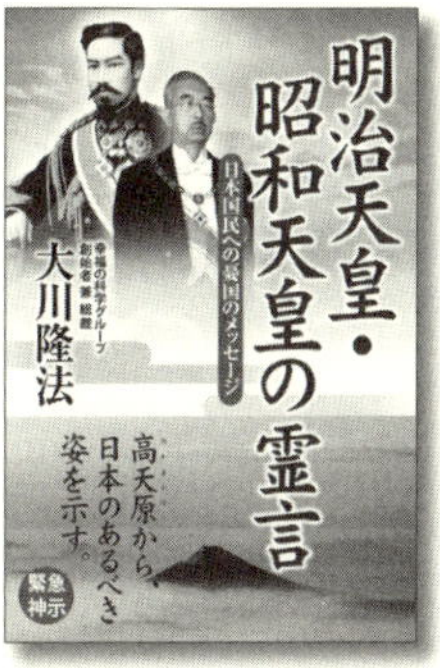

両天皇は、今の日本をどのように見ているのか？　皇室論や戦争責任についても、率直な意見が語られる。

1,000円

幸福の科学出版

大川隆法霊言シリーズ・プロフェッショナルに学ぶ

天才打者イチロー 4000本ヒットの秘密

プロフェッショナルの守護霊は語る

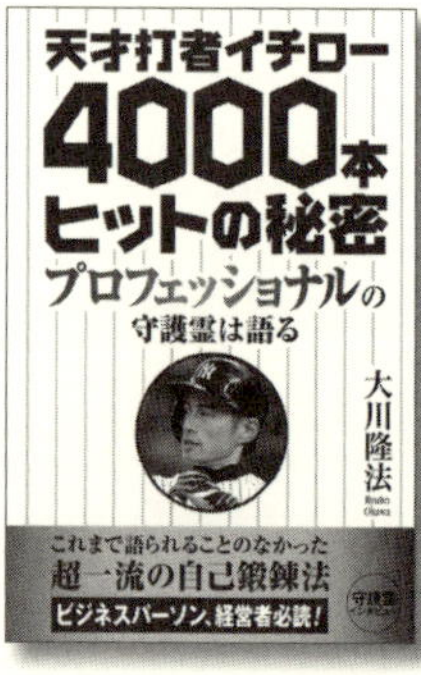

イチローの守護霊が明かした一流になるための秘訣とは？ 内に秘めたミステリアスなイチローの本心が、ついに明らかに。過去世は戦国時代の剣豪。

1,400円

サッカー日本代表エース 本田圭佑守護霊インタビュー

心の力で未来を勝ち取れ！

自分たちの活躍で、「強い日本」を取り戻したい！ 数々の苦境から人生を拓いてきた男の真意、そして世界で戦うサムライとしての覚悟が明かされる。

1,400円

人間力の鍛え方

俳優・岡田准一の守護霊インタビュー

「永遠の0」「軍師官兵衛」の撮影秘話や、演技の裏に隠された努力と忍耐、そして心の成長まで、実力派俳優・岡田准一の本音に迫る。

1,400円

※表示価格は本体価格（税別）です。

大川隆法霊言シリーズ・プロフェッショナルに学ぶ

堺雅人の守護霊が語る 誰も知らない「人気絶頂男の秘密」

個性的な脇役から空前の大ヒットドラマの主役への躍進。いま話題の人気俳優・堺雅人の素顔に迫る110分間の守護霊インタビュー！

1,400円

「イン・ザ・ヒーローの世界へ」—俳優・唐沢寿明の守護霊トーク—

実力派人気俳優・唐沢寿明は、売れない時代をどう乗り越え、成功をつかんだのか。下積みや裏方で頑張る人に勇気を与える"唐沢流"人生論。

1,400円

高倉健　男のケジメ

死後17日目、胸中を語る

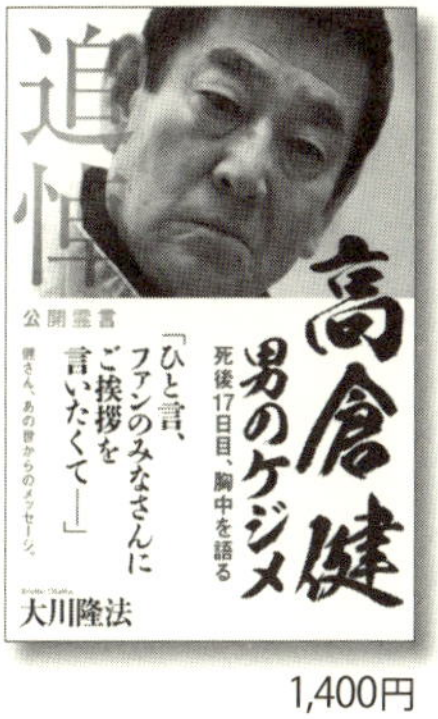

ファンや関係者のために、言い残したことを伝えに帰ってきた――。日本が世界に誇る名優・高倉健が、「あの世」からケジメのメッセージ。

1,400円

日本の平和と繁栄を目指して

真の平和に向けて

沖縄の未来と日本の国家戦略

大川隆法 著

著者自らが辺野古を視察し、基地移設反対派の問題点を指摘。戦後70年、先の大戦を総決算し、「二度目の冷戦」から国を護る決意と鎮魂の一書。

1,500円

スピリチュアル古事記入門（上巻）

大川咲也加 著

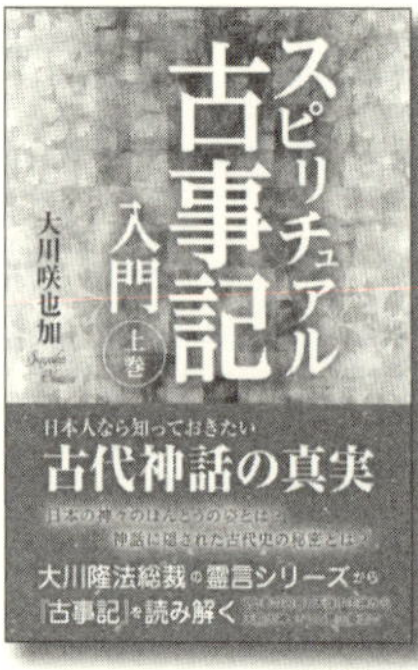

日本の神々のほんとうの姿とは？ 神話に隠された古代史の秘密とは？ 日本の原点である『古事記』を現代人のために分かりやすく解説。かわいいイラスト付き。

1,300円

大川隆法の“大東亜戦争”論［下］

「文明の衝突」を超えて

大川真輝 著

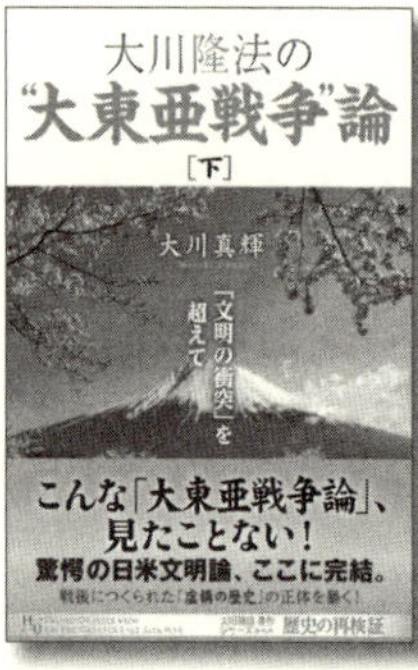

大東亜戦争当時から現代にまで続く「文明の衝突」とは。「虚構の歴史」を明らかにし、「日本再建」を目指したシリーズが、ついに完結！【HSU出版会刊】

1,300円

※表示価格は本体価格（税別）です。

日本を繁栄させる政治を

いい国つくろう、ニッポン！

ホンネの政治が、日本を変える

大川紫央、釈量子 共著

新時代の理想を抱く女性リーダーが、国内外のさまざまな政治と宗教の問題を語り合う。【幸福実現党刊】

1,300円

幸福実現党テーマ別政策集 1「宗教立国」

大川裕太 著

「政教分離」や「民主主義と宗教の両立」などの論点を丁寧に説明し、幸福実現党の根本精神とも言うべき「宗教立国」の理念を明らかにする。【幸福実現党刊】

1,300円

命を懸ける

幸福を実現する政治

釈量子 著

アベノミクス、国防問題、教育改革……なぜこれらに限界が見えてきたのか。この真実を知れば、幸福実現党が戦い続ける理由が分かる。【幸福実現党刊】

1,100円

大川隆法霊言シリーズ・最新刊

水木しげる 妖怪ワールドを語る

死後12日目のゲゲゲ放談

『ゲゲゲの鬼太郎』などの人気妖怪マンガを生み出した水木しげるの死後の様子や、日本の妖怪世界のルーツが明らかになる。「あの世」の研究に役立つ一冊。

1,400円

杉原千畝に聞く 日本外交の正義論

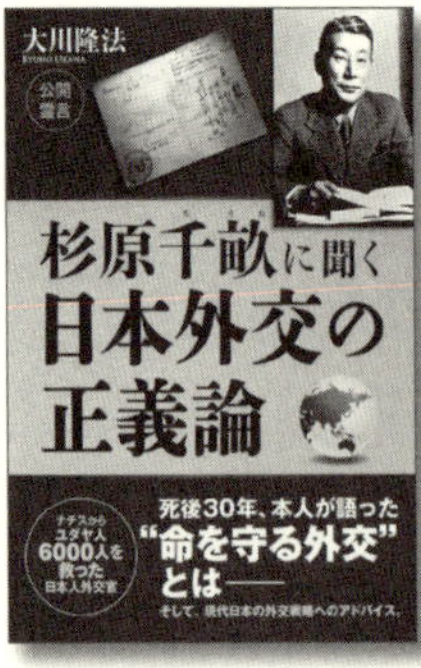

ナチスから６千人のユダヤ人を救った外交官が語る、「命のビザ」と第二次世界大戦の真相。そして、現代日本に贈る外交戦略のアドバイスとは。

1,400円

野坂昭如の霊言

死後21時間目の直撃インタビュー

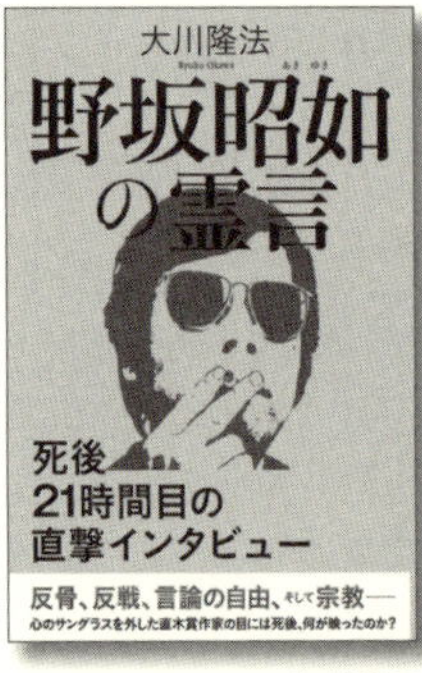

映画「火垂るの墓」の原作者でもある直木賞作家・野坂昭如氏の反骨・反戦のラスト・メッセージ。「霊言が本物かどうか、俺がこの目で確かめる」。

1,400円

※表示価格は本体価格（税別）です。

大川隆法著作シリーズ・新刊

政治家が、いま、考え、なすべきこととは何か。元・総理　竹下登の霊言

消費増税、マイナンバー制、選挙制度、マスコミの現状……。「ウソを言わない政治家」だった竹下登・元総理が、現代政治の問題点を本音で語る。【幸福実現党刊】

1,400円

ファッション・センスの磨き方

人生を10倍輝かせるために

あなたの価値を高める「一流のファッション作法」とは？ おしゃれを通して新しい自分をクリエイトするきっかけを与えてくれる一冊。

1,500円

女神の条件　女優・小川知子の守護霊が語る成功の秘密

芸能界で輝き続ける女優のプロフェッショナル論。メンタル、フィジカル、そしてスピリチュアルな面から、感動を与える「一流の条件」が明らかに。

1,400円

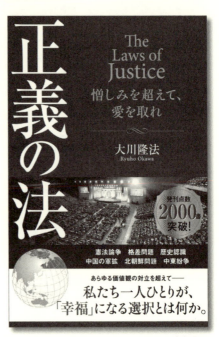

天使は、見捨てない。
天使に
I'm fine!
アイム・ファイン
製作総指揮/大川隆法
雲母(きらら)　芦川よしみ　金子昇　清水一希　合香美希
原作/『アイム・ファイン』大川隆法(幸福の科学出版)
監督・脚本/園田映人　音楽/大門一也　製作:ニュースター・プロダクション　制作プロダクション:ジャンゴフィルム　配給:日活　配給協力:東京テアトル
©2016ニュースター・プロダクション
5つの傷ついた心に、奇跡を起こす ―
G
3.19(SAT)ROADSHOW
www.newstar-pro.com/tenshi/
NIKKATSU

幸福の科学グループのご案内

宗教、教育、政治、出版などの活動を通じて、地球的ユートピアの実現を目指しています。

幸福の科学

一九八六年に立宗。信仰の対象は、地球系霊団の最高大霊、主エル・カンターレ。世界百カ国以上の国々に信者を持ち、全人類救済という尊い使命のもと、信者は、「愛」と「悟り」と「ユートピア建設」の教えの実践、伝道に励んでいます。

（二〇一六年一月現在）

愛

幸福の科学の「愛」とは、与える愛です。これは、仏教の慈悲《じひ》や布施《ふせ》の精神と同じことです。信者は、仏法真理をお伝えすることを通して、多くの方に幸福な人生を送っていただくための活動に励んでいます。

悟り

「悟り」とは、自らが仏の子であることを知るということです。教学《きょうがく》や精神統一によって心を磨き、智慧《ちえ》を得て悩みを解決すると共に、天使・菩薩《ぼさつ》の境地を目指し、より多くの人を救える力を身につけていきます。

ユートピア建設

私たち人間は、地上に理想世界を建設するという尊い使命を持って生まれてきています。社会の悪を押しとどめ、善を推し進めるために、信者はさまざまな活動に積極的に参加しています。

国内外の世界で貧困や災害、心の病で苦しんでいる人々に対しては、現地メンバーや支援団体と連携して、物心両面にわたり、あらゆる手段で手を差し伸べています。

年間約３万人の自殺者を減らすため、全国各地で街頭キャンペーンを展開しています。

公式サイト **www.withyou-hs.net**

ヘレン・ケラーを理想として活動する、ハンディキャップを持つ方とボランティアの会です。視聴覚障害者、肢体不自由な方々に仏法真理を学んでいただくための、さまざまなサポートをしています。

公式サイト **www.helen-hs.net**

INFORMATION

お近くの精舎・支部・拠点など、お問い合わせは、こちらまで！

幸福の科学サービスセンター

TEL. 03-5793-1727（受付時間 火～金：10～20時／土・日・祝日：10～18時）

幸福の科学 公式サイト **happy-science.jp**

学部のご案内

人間幸福学部

人間学を学び、新時代を切り拓くリーダーとなる

人間の本質と真実の幸福について深く探究し、
高い語学力や国際教養を身につけ、人類の幸福に貢献する
新時代のリーダーを目指します。

経営成功学部

企業や国家の繁栄を実現する、起業家精神あふれる人材となる

企業と社会を繁栄に導くビジネスリーダー・真理経営者や、
国家と世界の発展に貢献する
起業家精神あふれる人材を輩出します。

未来産業学部

新文明の源流を創造するチャレンジャーとなる

未来産業の基礎となる理系科目を幅広く修得し、
新たな産業を起こす創造力と起業家精神を磨き、
未来文明の源流を開拓します。

未来創造学部

2016年4月
開設予定

時代を変え、未来を創る主役となる

政治家やジャーナリスト、ライター、俳優・タレントなどのスター、
映画監督・脚本家などのクリエーターを目指し、国家や世界の発展、
幸福化に貢献できるマクロ的影響力を持った徳ある人材を育てます。

キャンパスは東京がメインとなり、2年制の短期特進課程も新設します（4年制の1年次は千葉です）。2017年3月までは、赤坂「ユートピア活動推進館」、2017年4月より東京都江東区（東西線東陽町駅近く）の新校舎「HSU未来創造・東京キャンパス」がキャンパスとなります。

教育

学校法人 幸福の科学学園

学校法人 幸福の科学学園は、幸福の科学の教育理念のもとにつくられた教育機関です。人間にとって最も大切な宗教教育の導入を通じて精神性を高めながら、ユートピア建設に貢献する人材輩出を目指しています。

幸福の科学学園

中学校・高等学校（那須本校）
2010年4月開校・栃木県那須郡（男女共学・全寮制）
TEL **0287-75-7777**
公式サイト **happy-science.ac.jp**

関西中学校・高等学校（関西校）
2013年4月開校・滋賀県大津市（男女共学・寮及び通学）
TEL **077-573-7774**
公式サイト **kansai.happy-science.ac.jp**

ハッピー・サイエンス・ユニバーシティ（HSU）
TEL **0475-32-7770**

仏法真理塾「サクセスNo.1」 TEL **03-5750-0747**（東京本校）
小・中・高校生が、信仰教育を基礎にしながら、「勉強も『心の修行』」と考えて学んでいます。

不登校児支援スクール「ネバー・マインド」 TEL **03-5750-1741**
心の面からのアプローチを重視して、不登校の子供たちを支援しています。
また、障害児支援の**「ユー・アー・エンゼル!」運動**も行っています。

エンゼルプランV TEL **03-5750-0757**
幼少時からの心の教育を大切にして、信仰をベースにした幼児教育を行っています。

シニア・プラン21 TEL **03-6384-0778**
希望に満ちた生涯現役人生のために、年齢を問わず、多くの方が学んでいます。

NPO 活動支援

学校からのいじめ追放を目指し、さまざまな社会提言をしています。また、各地でのシンポジウムや学校への啓発ポスター掲示等に取り組む一般財団法人「いじめから子供を守ろうネットワーク」を支援しています。

公式サイト **mamoro.org**
相談窓口 **TEL.03-5719-2170**
ブログ **blog.mamoro.org**

政治

幸福実現党

内《ない》憂《ゆう》外《がい》患《かん》の国難に立ち向かうべく、二〇〇九年五月に幸福実現党を立党しました。創立者である大川隆法党総裁の精神的指導のもと、宗教だけでは解決できない問題に取り組み、幸福を具体化するための力になっています。

党員の機関紙
「幸福実現NEWS」

TEL 03-6441-0754
公式サイト hr-party.jp

出版メディア事業

幸福の科学出版

大川隆法総裁の仏法真理の書を中心に、ビジネス、自己啓発、小説など、さまざまなジャンルの書籍・雑誌を出版しています。他にも、映画事業、文学・学術発展のための振興事業、テレビ・ラジオ番組の提供など、幸福の科学文化を広げる事業を行っています。

アー・ユー・ハッピー?
are-you-happy.com

ザ・リバティ
the-liberty.com

幸福の科学出版
TEL 03-5573-7700
公式サイト irhpress.co.jp

THE FACT

ザ・ファクト
マスコミが報道しない「事実」を世界に伝えるネット・オピニオン番組

Youtubeにて
随時好評配信中！

ザ・ファクト　検索